DANIEL G. ANDERS NEMO

IM ABGRUND

DIE WAHRE GESCHICHTE VON "PUSSYBOY"

- Tatsachenroman -

IM ABGRUND
DIE WAHRE GESCHICHTE VON „PUSSYBOY“

Nach den Erinnerungen von Daniel G. Anders
Ghostwriter: Nemo
1. Auflage . Mai 2025

Titel & Umschlag: Nemo
Satz: Nemo

ISBN: 9798285862550
Independently published

DANIEL G. ANDERS NEMO

IM ABGRUND

DIE WAHRE GESCHICHTE VON "PUSSYBOY"

Inhaltsverzeichnis

Das Buch

Schonungslos offen und ehrlich führt Daniel G. Anders (Pseudonym) den Leser durch seine erschütternde und bewegende Lebensgeschichte. Beginnend mit seinen traumatischen Erlebnissen in einem deutschen Kinderheim, führt ihn sein Weg bereits als Teenager in ein Dasein als Lustsklave in die Welt des BDSM. Der Weg in den Abgrund scheint vorgezeichnet! Eine Odyssee aus Schmerz und Erniedrigung beginnt, deren Ausgang mehr als ungewiss ist.

Seien Sie gewarnt: Dieser Tatsachenroman ist absolut nichts für schwache Nerven!

Vorwort von Daniel

Dieses Buch zu veröffentlichen, ist mir nicht leichtgefallen. Es zeigt Episoden aus meinem bisherigen Leben auf, die so mancher von Ihnen wohl als grotesk oder gar abartig empfinden wird. Doch ich hatte das unbedingte Bedürfnis, meine Geschichte zu erzählen. Nicht nur, weil ich dadurch hoffte, wieder ein wenig mehr zu mir selbst finden zu können, sondern weil ich der Ansicht bin, dass sie auch eine Warnung darstellt. Eine Warnung dahingehend, dass falsche Entscheidungen nur allzu leicht ins Verderben führen können.
Darüber hinaus waren all meine bisherigen Versuche, mit meiner Geschichte Gehör zu finden, nie von Erfolg gekrönt. Im Gegenteil. Meistens stieß ich auf Unverständnis oder gar Ablehnung.
Vielleicht stoße ich auch bei Ihnen auf ebendiese Ablehnung. Doch dieses Risiko bin ich bereit einzugehen und hoffe darüber hinaus, dass Ihnen dieses Buch gefällt.

Letztendlich hat sich doch noch jemand gefunden, der mir aufmerksam zugehört hat: Nemo. Er war es auch, der mich dazu bewogen hat, gemeinsam mit ihm dieses Buch zu schreiben. Ich möchte ihm an dieser Stelle für sein unermüdliches Zuhören und sein Verständnis danken.

Es hat mein Leben entscheidend verändert. Danke!

GEHORSAM

Gehorsam bedeutet für einen Sklaven, dass er lernt zu genießen, was ihm nicht gefällt ...

KAPITEL I

SCHMETTERLING

Glauben Sie an Schicksal?

Oder gar an Bestimmung?

Oder gehören Sie jener Gruppierung an, die der unumstößlichen Ansicht sind, es wären stets nur die eigenen Entscheidungen, die den künftigen Lebensweg bestimmen?

Nun, vermutlich haben all diese Ansichten ihre Berechtigung.

Ich selbst glaube an die Kausalität.

An Ursache und Wirkung.

Sie wissen schon: An dieses etwas abstrakte Gedankenkonstrukt, dem beispielweise auch die Chaostheorie zugrunde liegt: Nach der These, wenn irgendwo ein Schmetterling mit dem Flügeln schlägt, gibt es bei uns Regen statt Sonnenschein. Oder ein einziger winziger Klumpen Schnee, der imstande ist, im Gebirge eine Lawine auszulösen.

Vereinfacht ausgedrückt: Kleine und seien es noch so unbedeutende Ereignisse, können eine ganze Kaskade Schwerwiegende nach sich ziehen.

Mein *Schmetterlingsschlag* ereignete sich neun Monate bevor ich das Licht der Welt erblickte.

Denn bereits bevor ich im Oktober 1963 geboren wurde, war ich drogenabhängig.

Um genau zu sein, heroinabhängig.

Denn meine leibliche Mutter war drogenabhängig.

Und sie war selbst in ihrer Schwangerschaft nicht von dieser Sucht losgekommen.

Und so war ich seit dem Moment meiner Zeugung zu einem unfreiwilligen Konsumenten geworden.

Einem Süchtigen.

Einem Junkie im Mutterleib, wenn Sie so wollen.

Doch im Gegensatz zu ihr endete diese Abhängigkeit für mich im Augenblick meiner Geburt.

Nicht weil ich es wollte, sondern weil es einfach den grausamen biologischen Gesetzmäßigkeiten entsprach, die mit einem derartigen Ereignis einhergehen.

Und so wurde mir ein eiskalter Entzug aufgebürdet.

Ein Entzug, der sich während jener wenigen Sekunden vollzog, als die Nabelschnur durchtrennt und ich in mein eigenes Leben entlassen wurde. Ein Entzug, gegen den ich mich nicht wehren, geschweige denn, dass ich ihn bewältigen konnte.

Ich wurde also einfach mit dieser Bürde in die Welt hineingestoßen; ins kalte Wasser geworfen, wenn Sie so wollen.

Es war nicht meine Entscheidung, so geboren zu werden.

Es war einfach so geschehen.

Und da meine leibliche Mutter es verabsäumt hatte, ihre Sucht preiszugeben, stand auch kein probates Mittel zu Verfügung, um mir zu helfen.

Also tat ich das, was Säuglinge nun mal tun. Ich bediente mich des einzig adäquaten Mittels, das mir zur Verfügung stand, um meinem Umfeld meinen Schmerz zu artikulieren.

Ich schrie.

Ich schrie ganz einfach deshalb, weil ich kein Heroin mehr bekam.

Ich war ein Schreibaby, wie es im gängigen Sprachgebrauch so schön heißt.

Es ist wohl nicht schwer zu erahnen, was geschieht, wenn ein schreiendes Kind sich einem Junkie gegenübersieht, dessen Gedanken nur um den nächsten Schuss kreisen und dessen einzige Erinnerung darin bestand, wie der letzte Trip gewesen war.

Zwei Welten, die in unbarmherziger Manier miteinander kollidierten.

Und so kam es, wie es kommen musste.

Meine Mutter, die nach wie vor schwer mit ihrer Drogensucht zu kämpfen hatte, war während der kurzen Phase unseres Zusammenseins schlichtweg mit mir überfordert.

Keinen Ausweg mehr vor sich sehend, brachte sie mich schließlich in ein Kinderheim.

Ich bin mir nicht sicher, ob sie diese Entscheidung nur darum traf, weil sie für mich das Beste wollte.

Vielleicht wollte sie das tatsächlich. Denn welche Mutter, egal ob drogenabhängig oder nicht, würde nicht das Beste für ihr Kind wollen? Ist es nicht ein ureigener Instinkt, für sein eigen Fleisch und Blut nur das Beste zu wollen?

Dem gegenüber steht natürlich der Umstand, dass sie nicht imstande war, sich von ihrer Sucht zu lösen. Selbst für mich nicht. Ihr eigen Fleisch und Blut.

Sie hat also zweifellos Schuld auf sich geladen. Schuld – oder zumindest eine Teilschuld – daran, was mir später widerfahren ist.

Natürlich konnte sie nicht wissen, was ihr Handeln nach sich ziehen würde; was dieser kurze Moment, in dem diese Entscheidung gefallen war, für schwerwiegende Folgen für ihr Kind nach sich ziehen würde.

Und doch hat sie sie getroffen.

Ob ich ihr dafür grolle?

Sie werden es kaum glauben - ich tue es nicht!

Zumindest nicht mehr!

Denn weder kann ich aus heutiger Sicht ihre damalige Situation nachvollziehen, so sehr ich mich auch abmühe, noch bin in ich einer dieser Menschen, der ewig mit seiner Vergangenheit hadert.

Ich erzähle ihnen meine Geschichte ausschließlich darum, weil ich hoffe, dass sie Sie zum Nachdenken anregt; dass Sie ihnen vielleicht hilft, die Welt und vor allem unsere Gesellschaft etwas anders, etwas differenzierter zu betrachten.

Vielleicht können Sie danach ein wenig nachvollziehen, dass nicht alles, was sich unter der zumeist biederen Oberfläche vollzieht, jenem Bild entspricht, das man ihnen seit Kindheitstagen von der Welt gezeichnet hat.

Denn da gibt es noch etwas anderes.

Etwas, das Sie gewiss nicht kennen.

Ich nenne es den *Abgrund.*

Jenen Abgrund, der tief hinab in die Niederungen der menschlichen Natur führt.

Ein Ort, der tief unter der Oberfläche unserer bürgerlichen Welt existiert und indem jede noch so verwerfliche pathologische Neigung nicht nur toleriert wird, sondern vielmehr Gesetz ist.

Ich hätte gerne, dass sie gemeinsam mit mir hinab in jene Tiefen sehen, aus denen aus man nur schwer wieder hinauf in das Licht findet. Jenes Licht, in dem die meisten unter Ihnen Tag für Tag leben; selbst in den kurzen Momenten, in denen sich der ein oder andere Schatten über ihnen auftut.

Doch ich muss Sie warnen!

Vieles von dem, was sie lesen werden, ist nichts für schwache Nerven.

Ich erzähle meine Geschichte auf meine Weise!

Schonungslos, offen und ehrlich!

Wenn es also Ihre Gemütsverfassung nicht zulässt, legen Sie dieses Buch bitte wieder beiseite. Denn es ist nicht meine Intention, Ihnen seelischen Schaden zuzufügen oder Ihnen gar Albträume bescheren zu wollen.

Sie sind noch immer hier?

Nun gut, dann lassen Sie uns beginnen.

KAPITEL II

KINDERHEIM

Meine Mutter hatte mich also in ein Kinderheim gebracht.

Angemerkt sei bereits an dieser Stelle, dass es sich dabei um eine Einrichtung mit konfessionellem Hintergrund handelte.

Überrascht Sie das?

Vermutlich nicht.

Das Heim selbst war typisch für jene Zeit.

Die Zimmer waren relativ groß, jedes einzelne davon in seiner grotesken Regelmäßigkeit mit zwölf Betten versehen, wobei jeweils vier an den gegenüberliegenden Wänden platziert waren.

Die verbliebenen vier standen in der Mitte des Raumes und somit im *Epizentrum* allen Geschehens.

Und genau dort, in der Mitte, stand mein Bett.

Es war das zweite von links, soweit ich mich erinnere.

Ich denke noch immer mit Schaudern daran zuruck.

Denn wie sie sich sicher denken können, bot dieser Platz keinerlei Rückzugsmöglichkeit. Jene Rückzugsmöglichkeit, die man als Kind dann und wann braucht. Vor allem in Zeiten, in denen das Treiben um einen herum ein Ausmaß erreicht, das schlichtweg nicht mehr zu ertragen ist.

Und so geht man schnell daran, eine Art Schutzschild um sich herum zu errichten; die Welt jenseits der eigenen Gedanken einfach auszublenden und sich unter einer imaginären Glaskuppel zu verkriechen.

So begann ich mich zusehends zu isolieren, lag die meiste Zeit über einfach da, umgeben von ständigem Kommen und Gehen meiner nicht minder problembehafteten Mitbewohner, die nicht gerade zimperlich miteinander umgingen.

Dieses Chaos um mich herum wurde also ein ständiger Begleiter.

Und ein gewisses, wenngleich auch noch kindliches Maß an Gewalt.

Denn mein Alltag in dieser Einrichtung mutete wie ein ständiger Überlebenskampf an. Ein Kampf, den man von Beginn an ohne jedwede Hilfe zu bewältigen hat, allen Widrigkeiten zum Trotz.

Und es war vor allem während dieser Zeit, dass Instinkte in mir wachgerufen wurden, die einem zu Taten verleiteten, die man allgemeinhin als kriminell bezeichnen würde. In dieser Welt jedoch empfanden wir sie nicht als kriminell. Vielmehr waren sie überlebenswichtig.

Ich lernte vor allem eines: Egoistisch zu werden und nur auf mich selbst zu achten. Mich selbst in den Mittelpunkt allen Seins zu stellen.

Einfach, weil es notwendig war.

Zum Beispiel begann ich recht früh zu stehlen.

Nicht etwa Geld oder andere sogenannte *Wertsachen.*

Nein, ich klaute Essen.

Und manchmal sogar Essensreste.

Denn der Entzug von Nahrung wurde nur allzu gerne als Bestrafung eingesetzt. Meine sogenannten Erzieher hielten das wohl für ein probates Mittel, um sich aufmüpfige Heranwachsende entsprechend gefügig zu machen.

Denn wer hungert, tut alles, um wieder satt zu werden. Selbst wenn es bedeutete, dass man nachts wie ein wildes Tier über Mülleimer herfiel, um eine paar übrig gelassene Brocken, gleich ob Fleisch oder Brot, zu ergattern.

Und da ich ständig hungerte, hatte ich entweder die Wahl zu stehlen oder mich gefügig zu zeigen. Denn auch für Gefügigkeit, für Unterwürfigkeit gab es die ein oder andere *Belohnung*.

Doch dazu komme ich erst später.

Ich lernte ihn also recht rasch, diesen Balanceakt zwischen rebellischem, tendenziell kriminellem Verhalten und vollkommener Unterwürfigkeit. Ich lernte, wann immer es die Situation erforderte, jene Verhaltensweisen zu heucheln, die gerade von mir erwartet wurden.

Dass man mich dadurch bereits früh zu konditionieren begann, war mir natürlich nicht bewusst gewesen. Welcher Vierjährige wäre auch imstande gewesen, das zu durchschauen?

***

Die Zeit jenseits unserer Schlafsäle verbrachten wir hauptsächlich im Garten des Heimes - sofern dieser diese Bezeichnung überhaupt verdiente. Das trostlose Stück Land mutete eher wie der Freibereich eines Gefängnisses an.

Es bestand lediglich aus einer kleinen Rasenfläche, die mit einem niedrigen Zaun umfasst war, an dessen Nordseite ein winziger Spielplatz etwas Raum für Bewegung bot.

An der Rückseite gab ein altes Tor (das jedoch ständig versperrt war) den spärlichen Blick auf eine schmale, verlassene Straße frei, an deren Seiten sich schier endlose Felder auftaten.

Wenn ich mir heute dieser Bilder der Trostlosigkeit zurück ins Gedächtnis rufe, kommt mir dabei vor allem eines in den Sinn: Das Ende der Welt.

Nicht mehr und nicht weniger.

Die Endstation sämtlicher kindlichen Sehnsüchte. Sehnsüchte, wie etwa Geborgenheit, Sicherheit oder gar Liebe.

Vielmehr ist es mir als winzige Enklave, hinter der die Welt, so wie Sie sie kennen, längst aufgehört hatte zu existieren, in Erinnerung geblieben. Wie eine Art Paralleluniversum, das, ganz seinen eigenen Gesetzen folgend, fernab jenes Lebens vor sich hindämmerte.

Vor allem während der Herbst- und Wintermonate drückte mir die Stimmung schwer auf das Gemüt. Dann, wenn sich die Bäume längst aller Blätter entledigt und nichts als stumpfe Farbtöne hinterlassen hatten, die letztendlich alles um einen herum in Grau versinken ließ.

Natürlich sind mir, obgleich während dieser Zeit die erste Phase meiner bewussten Erinnerungen begonnen hatte, viele der einschneidenden Ereignisse innerhalb des Heims nur schemenhaft im Gedächtnis geblieben. Ich gehe davon aus, dass auch Ereignisse Ihrer eigenen Kindheit dann und wann, wenngleich auch nur sporadisch wiederkehren, ohne dass Sie sich imstande sehen, sie in einen entsprechenden Kontext zu setzen.

Vielleicht gibt es da den ein oder anderen Gedankenfetzen von besonderen Erlebnissen oder von Menschen, die ihnen rege in Erinnerung geblieben sind; gleich ob Sie sie geliebt oder gehasst haben. Doch es ist recht schwer, aus der Summe all dieser Erinnerungen eine Geschichte mit Anfang und Ende zu spinnen, deren Verlauf nachvollziehbar wäre.

Meine Schilderungen beruhen jedoch keineswegs auf Mutmaßungen oder Fantasie-Konstrukten, die ich mir aus der Quelle eben dieser schemenhaften Erinnerungen über die Jahre hinweg zusammengereimt habe.

Denn die vollständige Rekonstruktion dieser umwälzenden Begebenheiten gelang mir schließlich Jahre später, vor allem durch die Mithilfe meiner Adoptiveltern.

Doch mehr dazu später.

Ich wuchs also in der Obhut fremder Menschen auf.

Unbehütet, ungeliebt und im besten Fall als Quelle staatlicher Zuwendungen geduldet, die Einrichtung wie diese am Laufen hielten.

Als ich älter wurde, passierte mir schließlich ein fataler Fehler: Ich wurde zu einem hübschen Jungen.

Einem kleinen, zierlichen Wesen mit engelsgleichem Gesicht und blonden Locken.

Und eben diese Eigenschaften, dieses bildhübsche Äußere, das Eltern unter normalen Umständen als Glücksgriff nicht nur für sich selbst, sondern auch für ihre Sprösslinge erachten würden, sollte mir bald zum Verhängnis werden.

Denn ich zog damit vor allem die begehrlichen Blicke jener auf mich, in denen pathologische Neigungen schlummerten, die mit dem Verstand eines Kindes nicht zu erfassen waren.

Meine Unschuld begann die Schuldigen anzuziehen.

Meine kindliche Schönheit wurde zum Magneten für

all das Hässliche dort draußen.

Es musste nur jemanden geben, der diese beiden Gegensätzlichkeiten zusammenbrachte; jemanden, der mich gewissenlos den grausamen Gesetzmäßigkeiten des Wechselspiels aus Angebot und Nachfrage unterwarf. Jemanden, dessen oberste Intention es war, mit meiner Unschuld Profit zu machen.

Jemanden, der keine Skrupel kannte.

Dieser eine trat schließlich in der Gestalt meines Heimleiters in mein noch junges Leben.

Der nach außen hin so gläubig wirkende Mensch hatte schnell erkannt, welch enormes *Potenzial* in mir schlummerte.

Und so ging er mit beinahe schon diabolischem Eifer daran, nicht nur aus mir, sondern auch aus vielen der anderen Kinder ein Produkt zu formen, das diese Nachfrage zu befriedigen imstande war.

Und Nachfrage gab es reichlich.

Wären Sie überrascht, wenn ich Ihnen sage, dass sie vor allem aus den Reihen der sogenannten gehobenen Gesellschaft kam?

Vermutlich nicht.

Alles begann ganz langsam, schleichend und vollzog sich vornehmlich im Schutz der Dunkelheit der Nacht.

Ich erinnere mich, dass ich während der ersten Monate im Kinderheim des Öfteren ganz unvermindert aus dem Schlaf gerissen wurde.

Doch nicht durch meine Mitbewohner.

Denn nach Einbruch der Nacht herrschte stets Totenstille. Jede Zuwiderhandlung zog im Regelfall drakonische Strafen nach sich.

Es waren seltsame Geräusche, die mich keinen Schlaf finden ließen.

Sie drangen zwar meist nur schemenhaft vom Korridor hinter der Tür zu mir herüber, doch ihr Echo ist in meinen Gedanken noch immer nicht verklungen.

Ich erinnere mich noch heute an dumpfes Geflüster, leise Schritte oder das ein oder andere Zischen.

Manchmal wurde die Tür urplötzlich aufgerissen und eines der Kinder wortlos hinausgeführt.

Vorgänge, die ich damals natürlich nicht zuordnen konnte. Die Welt der Erwachsenen mutete für mich zu jener Zeit ebenso seltsam an wie das Leben als Ganzes.

Ich weiß nur noch, dass es mich mit enormem Unbehagen erfüllte. Ich hatte stets das Gefühl, dass jenseits dieser Tür etwas vor sich ging, das verboten war, das böse war.

Und meine kindliche Intuition sollte mir letztendlich recht geben.

Denn es kam der Tag, als dem schließlich auch ich *an der Reihe* war.

Ich kann heute weder sagen, wann genau es geschah, noch wie spät es war. Selbst nach all diesen Jahren nimmt es sich noch immer wie ein Albtraum aus, wie eine gruselige Geschichte aus längst vergangenen Tagen, in denen es nichts als Furcht gab.

Doch ich weiß noch genau, wie die Tür zum Schlafsaal aufgestoßen wurde und der Flur einen grellen Lichtstrahl ins Innere unseres Zimmers entließ.

Inmitten dieses stygischen Scheins erschien der Umriss des Heimleiters, der mit schnellen Schritten an mein Bett trat, mich packte und meinen schlaftrunkenen Körper roh auf seine wackeligen Beine zerrte.

Bevor ich wusste, wie mir geschah, wurde ich hinaus ins Freie gebracht und in den Kofferraum eines Autos gehoben, das unmittelbar vor der Tür parkte.

Ich glaube, ich war vor Angst derart gelähmt, dass ich nicht mehr imstande war zu schreien, geschweige denn mich zu bewegen.

Offenbar war ich in eine Art Schockstarre gefallen, denn an die Ereignisse danach erinnere ich mich nicht mehr.

Als ich am nächsten Tag erwachte, fühlte ich nur eines: Schmerzen. Vor allem in meinem Mund und meinem Hals. Ansonsten war die Erinnerung an diese Nacht vollkommen ausgelöscht. Mein Verstand hatte offenbar wie von selbst eine Mauer um mich errichtet, eine Art Barriere, die mich vor irgendetwas hatte schützen sollen.

Doch dabei sollte es leider nicht bleiben.

Ein weiteres Mal sollte mir dieser *Schutz* nicht mehr vergönnt sein.

Es vergingen Tage - vielleicht waren es auch Wochen - in denen nichts geschah.

Die Zeit glitt ereignislos an mir vorüber. Sonnuntergang folgte auf Sonnenaufgang, dazwischen die Routine ereignisloser Tage, die jedem Bewohner des Heimes – und das spürte man nur allzu deutlich – schwer auf das Gemüt schlug. Wir alle waren gefangen in einer Form von Lethargie, die sich Menschen jenseits dieser Mauern nur schwer vorstellen können.

Bis man mich erneut holte.

Mich wie Gepäck, ein Stück Ware wieder in das dunkle

Verlies dieses Kofferraums packte. Von einem unseligen Absender verschnürt und gefesselt, um mit verbundenen Augen einem Bestimmungsort zugeführt zu werden, der irgendwo dort draußen in der Dunkelheit der Nacht lag.

Und was mich dort erwartete, sollte mein Leben für immer verändern.

Nachdem man mich wieder *entladen* hatte, wurde ich in irgendeinen Raum gezerrt, wo man mir schließlich die Augenbinde abnahm und mir den Schlafanzug vom Körper riss.

Mir wurde befohlen, mich auf ein Bett zu setzen, das der einzige Einrichtungsgegenstand in diesem dunklen Zimmer war und zu warten.

Dann wurde ich alleine gelassen. Nackt und frierend inmitten dieser Düsternis, die sich langsam und unaufhaltsam wie eine unsichtbare Fessel um meinen Hals zu schnüren begann.

Und so wartete ich.

Es dauerte nicht lange, bis ein älterer, etwas dicklicher Mann den Raum betrat.

Ich sehe ihn noch heute deutlich vor mir.

Er lächelte mich freundlich an, setzte sich neben mir auf das Bett und begann mit sanfter Stimme auf mich einzureden.

Ich kann mich nicht an seine genauen Worte erinnern, lediglich daran, dass er mich währenddessen am ganzen Körper berührte. Und je länger er auf mich einredete, umso mehr näherte er sich den empfindsameren Regionen.

Was darauf folgte, können Sie vielleicht erahnen.

Nachträglich betrachtet war dieser erste, bewusst erlebte

Missbrauch eher harmlos gewesen. Die Berührungen, die er mir zumutete, hatten offenbar einzig und allein dazu gedient, ihn genügend zu stimulieren, damit er sich selbst befriedigen konnte.

Ich war damals noch nicht imstande gewesen, einzuordnen, was ein Erwachsener tat, wenn er sich selbst befriedigte; geschweige denn, was es damit auf sich hatte, wenn er auf meinen Körper oder in diesem ersten Fall auf mein Gesicht ejakulierte. Doch ich war sehr wohl imstande, diesen Vorgang als befremdlich, bizarr und ekelhaft zu empfinden. Vor allem der salzig säuerliche Geschmack, den ich danach auf meinen Lippen schmeckte, hatte sich tief in mein Bewusstsein gebrannt.

In so mancher ruhigen Stunden glaube ich es noch heute schmecken zu können. Und es treibt mir nach wie vor ein Gefühl des Ekels in die Magengrube.

Doch so befremdlich diese erste Erfahrung auch gewesen war, ich hatte während dieser Nacht noch Glück gehabt.

Doch dabei sollte es nicht bleiben.

Denn je öfter man mich in der darauffolgenden Zeit holte, umso weiter wurden die Grenzen dessen, was man mir zumutete, erweitert.

Nur der Ablauf blieb stets der Gleiche.

Ich wurde gepackt und an irgendwelche unbekannten Orte verfrachtet, wo diese unbekannten Männer ungestört ihre Neigungen an mir ausleben und quasi mit mir *spielen* durften.

Die wenigen Male, in denen ich töricht genug gewesen war, mich zu weigern, wurde ich einfach mit Beinen und Armen am Rücken gefesselt und in den Kofferraum geworfen.

Und falls ich darüber hinaus noch die Frechheit besaß, mich den Bedürfnissen der Kunden zu verweigern, fesselte man mich einfach an das Bett, sodass ich vollkommen wehrlos alles über mich ergehen lassen musste.

So ging es über Monate dahin.

Zwar nicht jede Nacht, doch oft genug, um mich bereits nach kurzer Zeit zu brechen.

Ich denke inzwischen, dass man bewusst mit einer kalkulierten Unregelmäßigkeit vorgegangen ist, sodass stets die Ungewissheit in mir herrschte, dass es jederzeit wieder passieren konnte.

Ich gewöhnte mir schnell an, stets nur mit halb offenen Augen zu schlafen, sodass ich zumindest auf das nächste Ereignis vorbereitet war. Denn nichts war schlimmer, als aus tiefem Schlaf gerissen und in einen dieser Albträume hineingestoßen zu werden.

Unglücklicherweise änderten meine *Verkäufer* mit der Zeit ihr Vorgehen.

Denn sie wurden vorsichtiger.

Uns nachts irgendwo hinzubringen, barg natürlich das Risiko in sich, irgendwann erwischt zu werden. Der Polizei zum Beispiel im Rahmen einer Routinekontrolle erklären zu müssen, warum da ein gefesseltes Kind im Kofferraum lag, hätte meine Peiniger wohl in Erklärungsnotstand gebracht.

Und so schufen sie die entsprechenden Voraussetzungen, um dem zu entgehen.

Noch heute ist mir dieser Raum im obersten Stock des Heimes in Erinnerung, in dem ein rotes Sofa stand.

Wir nannten es das *Rote Zimmer*.

Ein Ort, der uns nichts als Schrecken verhieß.

Eine dunkle, schmutzige Höhle, in der ich stets nackt drapiert wurde, bis einer der Kunden eintraf, um mit mir alles zu treiben, wonach ihm gerade der Sinn stand.

Die Ereignisse in diesem Roten Zimmer waren die schlimmsten.

Vielleicht darum, weil man sich, aller Widrigkeiten zum Trotz, innerhalb des Heimes doch irgendwie sicher fühlen wollte und sich nun auch noch die Hoffnung auf diese vermeintliche Sicherheit als Illusion erwiesen hatte.

Ich war zu einem Stück Fleisch degradiert worden, zu einem willenlosen Etwas, dessen einzige Bestimmung es war, die Begierden anderer zu befriedigen.

Man bediente sich nach Lust und Laune meiner Genitalien, meines Hinterns, vor allem aber an meinem Mund.

Wie ich später erfahren habe, erlaubten unsere Betreuer nur Handlungen an mir, die keine Spuren hinterließen.

So war es zum Beispiel *gut bestückten* Kunden nicht gestattet gewesen, mich anal zu penetrieren.

Man hatte perfiderweise Angst vor Verletzungen. Einen Heranwachsenden mit derartigen Verletzungen in ein Krankenhaus bringen zu müssen, hätte die ganze Sache wohl nur allzu schnell auffliegen lassen. Abschürfungen oder blaue Flecken waren eine Sache, ein verletzter Anus eine ganz andere.

Andere, *normale* Männern hingegen hatten ihre abartigen Triebe nicht im Zaum halten müssen und durften sich nach Herzenslust auch an meinem Hintern vergehen.

Obwohl die meisten Einzelheiten der jeweiligen Misshandlungen längst in Chaos meiner Erinnerungen untergegangen sind, hat seltsamerweise der orale Missbrauch die stärksten Eindrücke bei mir hinterlassen.

Eindrücke, die mich bis heute verfolgen.

Sie fragen sich an dieser Stelle sicher, warum dieses Treiben so lange unentdeckt geblieben ist. Sie fragen sich sicher, warum ich eines Tages nicht einfach weggelaufen bin und mein Leid hinaus in die Welt geschrien habe?

Die Antwort darauf ist recht einfach: Wer hätte in den Sechzigerjahren einem Vierjährigen auch nur ein Wort geglaubt?

Doch das war nicht der einzige Grund.

Hinter allem, was mir angetan wurde, steckte ein ausgeklügeltes System.

Eine perverse Strategie.

Nicht nur, was die Organisation all dieser Vorgänge anbelangte, sondern auch, wie man uns dafür konditioniert hatte.

Die perfide Routine, mit denen meinen Peiniger meinen Körper und auch meine Seele verkauft hatten, ließ darauf schließen, dass diese Menschen über reichhaltige Erfahrung verfügten, die gewährleistete, dass sie bei ihrem Treiben niemals ertappt werden würden.

Ein wesentlicher Teil unserer Konditionierung bestand zum Beispiel darin, uns jedwede Kommunikationen einfach zu verbieten.

Im Zimmer, beim Essen, selbst beim Spielen herrschte stets absolute Stille.

Niemand wagte es zu sprechen.

Und meine sogenannten Erzieher achteten mit Argusaugen darauf, dass sich niemand dieser eisernen Doktrin widersetzte.

Die Folge davon war, dass ich kaum imstande war zu sprechen.

Eine äußerst geschickte Vorgehensweise, nicht wahr? Ein Junge dieses Alters, der nicht imstande war, seinen Schmerz durch Sprache zu artikulieren und so unfreiwillig zum Schweigen verdammt war, wurde letztendlich zum perfekten Erfüllungsgehilfen all dieser verbrecherischen Machenschaften.

Mir wurde später erzählt, dass man mir im Rahmen eines mühevollen Prozesses das Sprechen erst beibringen musste, sodass ich erst mit etwa fünf Jahren einigermaßen imstande war, mit meinen Mitmenschen zu kommunizieren.

Und dies natürlich nur, weil ich mich zuvor diesem mühevollen Prozess unterzogen hatte, in dessen Verlauf ich langsam lernte, zu Erwachsenen wieder Vertrauen zu fassen.

Der einzige Trost für mich war, dass ich mit meinem Elend nicht allein dastand.

Heute weiß ich, dass es bereits Dutzenden Kinder vor mir gegeben hatte, denen das gleiche widerfahren war. Und ich habe ja bereits erwähnt, dass es den anderen Kindern neben mir nicht besser ergangen war.

Selbstverständlich nur den Hübschen. Oder eben jenen, die unsere Peiniger damals als hübsch erachteten.

Ich denke, das Schlimmste an all dem ist letztendlich die Erkenntnis, dass man sich als Kind an so gut wie alles gewöhnen kann.

Selbst an Missbrauch.

Diese stetig wiederkehrenden, schrecklichen Erfahrungen waren irgendwann zu einem fixen Bestandteil meines Lebens geworden.

Sie waren zur Routine geworden.

Ich war tatsächlich der Meinung, dass es allen Kindern auf dieser Welt so erging und dass es normal sei, Erwachsenen auf diese Art zu Diensten sein zu müssen.

Doch alles im Leben hinterlässt Spuren.

Hinterlässt Wunden, die einfach nicht verheilen wollen.

Denn bereits während dieser Zeit entwickelte mein Körper Mechanismen, die inzwischen zu einem fundamentalen Bestandteil meines Wesens geworden sind und die vornehmlich dazu dienen, mir unterbewusste Warnsignale zu senden.

Ich sprach vorhin vom oralen Missbrauch.

Jener Art von Misshandlung, die am häufigsten an mir vollzogen wurde.

Er hat die deutlichsten Spuren in meinem Verhalten hinterlassen.

So ist beispielweise jeder Zahnarztbesuch auch heute noch eine beklemmende Erfahrung für mich. Das Eindringen von Fingern in meinen Mund löst nach wie vor Panikattacken in mir aus, was immer zur Folge hat, dass ich, wenngleich auch leise und kaum hörbar zu weinen beginne.

Es hat lange gedauert, bis ich den Mut gefasst hatte, dem jeweiligen Arzt zu erklären, was es genau damit auf sich hatte.

Ich denke heute, dass es vor allem die Dauer des Missbrauchs ist, die mich zu dem gemacht hat, was ich bin.

Wäre mir all das nur einige wenige Male widerfahren, wäre ich vermutlich über die Jahre imstande gewesen, einfach alles zu verdrängen.

Doch das war mir leider nicht vergönnt gewesen.

Denn während der wenigen Jahre, die ich im Kinderheim verbrachte, wurde ich weit über fünfhundertmal missbraucht.

Derartiges lässt sich nicht mehr verdrängen.

Sie werden sich an dieser Stelle die Frage stellen, wie ich auf diese Zahl gekommen bin, nicht wahr? Ob sie lediglich auf Mutmaßungen beruht oder fehlerhaften Erinnerungen, die der kindlichen Fantasie eines naiven Heranwachsenden entsprungen sind. Eines Heranwachsenden, der die ein oder andere schlechte Erfahrung dazu benutzt, diese Schauergeschichten zu erfinden, um so dem Umstand zu rechtfertigen, warum er zu einem derartigen Sammelsurium an emotionalen Defiziten geworden ist.

Vielleicht fragen Sie sich auch, ob ich einfach lüge.

Nun, ich muss sie leider enttäuschen.

Denn von den Einzelheiten des grausamen Treibens während meiner frühen Kindheit erfuhr ich tatsächlich viele Jahre später, nachdem meine Adoptiveltern im Rahmen eines Gerichtsprozesses Zeugen der Aussagen vieler Betroffener geworden waren.

Als sie mir schließlich während meiner Jugendjahre die Wahrheit offenbarten, fügte sich das Puzzle aus fragmentarischen und bewusst erlebten Erinnerungen, das ich während der gesamten Zeit meines Heranwachsens vergeblich versucht hatte zusammenzusetzen, zu diesem erschütternden Gesamtbild zusammen.

Und dieses Bild, diese letzte, unumstößliche Erkenntnis lieferte mir letztendlich auch die Erklärung für die Merkwürdigkeiten, die ich an mir selbst festgestellt hatte.

Die Schlussfolgerungen daraus waren relativ einfach.

Meine Seele hatte sich mir längst verschlossen.

Wir wollten einfach nichts mehr miteinander zu tun haben.

Kurz gesagt, ich war gebrochen.

Die daraus resultierende Leere, die innere Einsamkeit, gepaart mit mannigfaltigen Ängsten hatten über die Jahre eine von unzähligen Makeln durchdrungene Persönlichkeit geformt.

Und diese Makel begleiten mich bis heute.

Neben unzähligen Flashbacks, die mich während der Nacht in meinen Träumen heimsuchen, sind es vor allem die Ängste, die mich in Alltagssituationen zeitweilig lähmen.

So ist es mir zum Beispiel nach wie vor unmöglich, allein mit Bussen, Zügen, Straßen- oder U-Bahnen zu reisen. Es ist stets ein Begleiter notwendig. Steht keiner zur Verfügung, nehme ich mir ein Taxi oder gehe einfach zu Fuß.

Die Angst, von wem auch immer überwältigt zu werden, ist mein ständiger Begleiter, obgleich mir der rationale Teil meines Verstandes mir ständig suggeriert, wie absurd mein Verhalten im Grunde genommen ist.

Und es gibt noch etwas.

Etwas, dass Sie als gläubiger Mensch, der Sie vielleicht sind, erschüttern wird.

Ich hasse jedwede Form von Religion.

Bitte verstehen Sie mich nicht falsch, denn ich habe nichts gegen das Konzept eines Gottesglaubens. Ich sehe nur absolut keine Notwendigkeit für eine Religion oder gar einer Kirche dafür.

Hat Oscar Wilde noch Religion als *Opium für das Volk* bezeichnet, geht ihre Bedeutung für mich weit darüber hinaus. Aus meiner Sicht ist sie der perfekte Nährboden, auf dem so manche Grausamkeit unbemerkt gedeihen kann, während sie sich unter dem Deckmantel der Scheinheiligkeit verbirgt.

Vielleicht verstehen Sie diese Aussage als unzulässige Verallgemeinerung, was sie vielleicht auch ist. Denn zweifellos sind nicht alle Anhänger religiöser Kollektive vom Schlag meiner einstigen Peiniger.

Doch für mich ist ein einziger bereits einer zu viel.

Denn es waren vor allem diese ach so frommen Menschen, die mich zu dem gemacht haben, was ich bin.

Zu einem Opfer.

Zu einem willfährigen Opfer für all jene, die imstande waren, meine Schwächen zu wittern.

Raubtiere, die auf der Suche nach einer hilflosen Beute waren.

Und es dauerte nicht lange, bis diese Raubtiere erneut die Witterung aufgenommen hatten.

Doch das ist eine andere Geschichte.

Zu guter Letzt durfte ich dann doch noch erfahren, dass die meisten meiner Peiniger einige Jahre später für ihre Straftaten verurteilt wurden.

Ob sie dafür ins Gefängnis mussten, konnte ich hingegen nicht in Erfahrung bringen.

Es ist inzwischen auch bedeutungslos für mich.

Denn ich hege keinerlei Rachegedanken mehr gegen sie, da die meisten von ihnen inzwischen mit Sicherheit tot sind oder es bald sein werden.

Und selbst wenn die Gerechtigkeit bei dem ein- oder anderen nicht obsiegt hat, so lebe ich in der Gewissheit, dass es der Tod ist, der letztendlich immer für Gerechtigkeit sorgt.

***

Nun, nicht alles, was mir während meiner frühen Kindheit widerfuhr, war von Übel.

Denn als ich etwa viereinhalb Jahre alt geworden war, ereignete sich etwas, mit dem ich selbst in meinen kühnsten Träumen nicht mehr gerechnet hatte.

Ich wurde adoptiert.

Hinter dem düsteren Schleier, der mein erbärmliches Dasein zu jener Zeit umgab, hatte sich tatsächlich ein wenig Hoffnung aufgetan.

Die Hoffnung auf ein anderes Leben.

Ein besseres Leben.

Zur damaligen Zeit war eine Adoption keine große Sache.

Denn im Regelfall waren Kinderheime froh, wenn sie einen *überflüssigen Fresser* loswurden. So wurden wir von den meisten unserer Betreuer gerne bezeichnet, dem Umstand zum Trotz, dass wir eine recht gute Einkommensquelle für sie waren.

Und anders als heute waren auch kein überbordendes bürokratisches oder gar pädagogisches Prozedere dafür erforderlich. Es wurden lediglich ein oder zwei Hausbegehung absolviert, die den Zweck hatten zu gewährleisten, dass die Verstoßenen nicht von einem verwahrlosten

Leben in das nächste gerieten.

Wie mir meine spätere Adoptivmutter verriet, wurde ich ihr recht rasch mit den lapidaren Worten »Sie können den Jungen haben, aber er ist gestört!« übergeben. Und es war nur ihrer Einstellung, dass es eben nichts Hoffnungsloses im Leben geben konnte, zu verdanken, dass ich nicht noch länger in dieser Hölle bleiben musste.

Ich hatte also zum ersten Mal in meinem kurzen Leben Glück.

Großes Glück genauer gesagt.

Denn meine Adoptiveltern waren gute Menschen.

Herzensgute Menschen.

Sie behandelten mich so, als wäre ich ihr leibliches Kind, obwohl ich die Zuneigung, mit der sie mich regelrecht überschütteten, nur schwer erwidern konnte.

Doch ich tat mein Bestes.

Ich versuchte ihnen zumindest vorzugaukeln, dass ich zu so etwas wie Zuneigung oder gar Liebe noch imstande war; denn innerlich war ich längst gestorben, war ich brachliegendes Land, auf dem nichts Schönes mehr gedeihen konnte.

Und dennoch begann ich in der Zeit, bevor ich in die Grundschule eintrat, so etwas wie ein normales Leben zu leben.

Ich lernte nicht nur zu sprechen, sondern tatsächlich auch zu vertrauen.

Zumindest zeitweilig.

Meine Eltern waren unablässig bemüht, mir ein gutes Zuhause zu bieten und mich auf das Beschreiten eines Lebensweges vorzubereiten, der den üblichen gesellschaftlichen Konventionen entsprach.

Sie wissen schon: Eine Ausbildung zu absolvieren, vielleicht eines Tages zu heiraten oder gar Kinder zu haben.

Ich war also auf dem besten Weg zur Ruhe zu kommen.

Frieden zu finden.

Doch es sollte sich bald als trügerische Ruhe erweisen.

Denn diese Illusion eines Lebens in familiärem oder gesellschaftlichem Gleichklang, die es für einen *Gestörten* wie mich eigentlich nie geben konnte, endete dann, wenn ich auf die simpelsten Banalitäten des Alltags traf.

Der Grund dafür waren meine Ängste.

Sie waren nach wie vor allgegenwärtig. Und sie wurden zu einem Garanten dafür, dass ich die nur allzu begehrlichen Blicke jener Raubtiere auf mich zog, von denen ich zuvor bereits gesprochen habe.

Zunächst vollzog sich das alles im Stillen.

Gänzlich unbemerkt.

Und im Vergleich zu all dem, was mir zuvor widerfahren war, könnte man es durchaus als harmlos bezeichnen.

So geschah es, dass des Öfteren ein *Onkel* bei meinen Pflegeeltern zu Besuch war. Im Grunde genommen ein netter Kerl, der seit jeher ein besonders gutes Verhältnis zu mir pflegte. Er war stets über alle Maße freundlich, beschenke mich und erweckte unentwegt den Eindruck, er wolle nur das Beste für mich.

Eines Abends, als ich in der Badewanne saß, kam er zu mir und sagte, meine Eltern hätten ihn darum gebeten, mich abzutrocknen.

So wie ich geprägt war, gehorchte ich natürlich und ließ ihn gewähren. Es war zwar nicht unangenehm, jedoch erinnere ich mich, dass er im Zuge dessen recht viel Zeit mit meinen Genitalien und an meinem Hintern verbrachte.

Ein weiterer seltsamer Vorfall ereignete sich während eines Familienurlaubs auf einer nordfriesischen Insel.

Ich war die meiste Zeit des Tages über in einem kleinen Schlauchboot auf dem Meer unterwegs, als mich ein Mann, der mit einem Fotoapparat am Strand stand, zu sich rief.

Obwohl ich vollkommen nackt war, dachte ich mir nichts dabei und leistete seiner Aufforderung Folge.

Er schien recht nett zu sein und machte nicht den Eindruck, als hege er irgendwelche bösen Absichten.

Letztendlich überredete er mich, für ihn am Strand und auch im Schlauchboot zu posieren, während er reichlich Bilder von mir schoss.

Am Ende suchte er meine Eltern auf und bat um deren Adresse, damit er ihnen einige der Bilder als Erinnerung an diesen Urlaub zukommen lassen konnte.

Wie mir mein Vater später erzählte, hatte der Fremde lediglich die Bilder mit dem Schlauchboot geschickt.

***

Als die Zeit schließlich gekommen war, trat ich wie alle meine Altersgenossen in die Grundschule ein.

Was für die meisten ein aufregendes Ereignis war, sollte für mich ein tiefer Einschnitt in meinem Leben werden.

Denn schlagartig trat alles, was während dieser kurzen Zeit der Glückseligkeit tief in mir geschlummert hatte, wieder mit aller Vehemenz an die Oberfläche.

Meine Mitschüler hatten schnell erkannt, mit wem sie es

zu tun hatten und nutzten meine Schwächen gnadenlos aus.

Tagtäglich sah ich mich irgendwelchen Prügeleien ausgesetzt, die ich in Ermangelung des Willens, mich zu verteidigen, stets über mich ergehen ließ.

Ich hatte keine einzige davon jemals provoziert.

Jugendliche mit meinem Hintergrund provozierten nicht.

Ich wollte meine Ruhe haben, unbeschadet durch den Tag kommen und vor allem kein großes Aufsehen erregen.

Es genügte damals einfach klein, schmächtig und sehr dünn zu sein, um in die Rolle eines Opfers gedrängt zu werden.

Und ich war eben das perfekte Opfer.

Die Art und Weise, wie meine Mitschüler mit mir umgingen, blieb zwar auch meinen Lehrern nicht verborgen, doch wie es damals gängige Praxis war, schenkten sie alldem kaum Beachtung.

Jungs waren nun mal so.

Sie fochten ihre eigenen Kämpfe aus.

Man sah es einfach als einen notwendigen Schritt auf dem Weg zum Erwachsenwerden an.

Nur ein einziges Mal wurden meine Eltern im Rahmen von einer Klassenlehrerin über die Vorgänge in der Schule informiert. Sie war die Einzige im gesamten Lehrkörper, die diesen Zustand als unzumutbar empfand.

Doch leider stand sie alleine auf weiter Flur.

Und so verpuffte diese kurze Intervention wieder im Nichts.

Meine Lage verbesserte sich dadurch nicht.

Im Gegenteil.

Mein ohnehin bereits seltsames Verhalten wurde um einige weitere skurrile Facetten bereichert.

Musste ich zum Beispiel an die Tafel, drückte ich mich mit dem Rücken an den Wänden entlang, bis ich schließlich unmittelbar neben dem Lehrer stand, in dessen Nähe ich mich etwas sicherer fühlte. Ich hatte ständig Angst, jemand könnte mir von hinten auflauern, mir irgendetwas antun, sodass jeder Moment der Unaufmerksamkeit fatal für mich enden konnte.

Ich war wieder zu diesem kleinen Jungen geworden, der im Roten Zimmer saß und schlotternd darauf wartete, dass man sich erneut an ihm verging.

An den vergessenen Stätten meiner unzähligen Misshandlungen war etwas geschaffen worden, das nicht imstande war, Widerstand zu leisten.

Etwas, das es gewohnt war zu leiden.

Etwas, das das Leiden insgeheim sogar herbeisehnte.

Das unterschwellige Bedürfnis, Opfer zu sein, war inzwischen so tief in mir verankert gewesen, dass es zu einem unumstößlichen Teil meiner Persönlichkeit geworden war.

Sie können vielleicht nachvollziehen, was es bedeutete, mit dieser enervierenden Paranoia leben zu müssen. Jedes noch so kleine Unterfangen, wie etwa ein simpler Toilettenbesuch, war zu einem wahren Spießrutenlauf geworden.

Und ich spürte während dieser Zeit, dass ich erneut in diese unseligen Tiefen hinabgezogen wurde, in denen ich schon einmal gefangen gewesen war und aus denen es keine Wiederkehr zu geben schien.

Und es kam noch schlimmer.

KAPITEL III

PUBERTÄT & GEWALT

Auch nach meinem Übertritt in die Realschule hörten die Prügeleien nicht auf.

Man hatte natürlich längst registriert, dass ich anders war, dass *etwas mit mir nicht stimmte.*

Hat die heutige moderne Psychologie längst Definitionen, wie etwa jene einer posttraumatischen Belastungsstörung parat, hieß es damals einfach nur: »Der hat doch einen Schaden!«, oder »Er ist nicht ganz dicht!«.

Weder gab es zu jener Zeit ein adäquates Therapieangebot, noch irgendeine andere Form der Unterstützung. Und das, obwohl meine Eltern dem sogenannten gehobenen Mittelstand angehörten und keineswegs arm waren. Sie hätten also durchaus die finanziellen Mittel gehabt, um mir zu helfen.

Doch zu jener Zeit wäre ich vermutlich in irgendeiner geschlossenen Anstalt gelandet, in der sich mein Zustand wohl noch verschlimmert hätte.

Inkompetente Lehrer, ein alles, *was nicht der Norm entsprach* ignorierendes Umfeld und die damals zwischen Jungs herrschenden Gepflogenheiten, waren so die Wegbereiter für meine weitere Entwicklung geworden.

Ich geriet immer mehr unter die Räder.

Doch wiedererwarten gab ich mir selbst die Schuld für alles.

Denn als ich schließlich in die Pubertät kam, merkte ich

sehr schnell, dass ich offenbar wirklich anders tickte als meine Altersgenossen.

Am seltsamsten zu jener Zeit erschien mir der Umstand, dass jedes Mal, wenn mir Gewalt angetan wurde, ich von einer heftigen Erektion heimgesucht wurde. Aus Unkenntnis darüber, was es mit mir tatsächlich auf sich hatte, wie ich tatsächlich war, tat ich es einfach als natürliche Reaktion meines Körpers ab; ganz dem Irrglauben erlegen, anderen würde es ebenso ergehen.

Ich wusste es einfach nicht besser.

Selbsterkenntnis war kein Bestandteil meiner Persönlichkeit.

Und der Umstand, dass mich Mädchen kaum interessierten, Jungs hingegen schon, war die nächste verwirrende Erkenntnis.

Wenn wir uns zum Beispiel nach dem Sportunterricht gemeinsam umzogen, begann ich die anderen Jungen zu mustern. Ich tat das zu jener Zeit als simple Bewunderung für deren Sportlichkeit und meiner generellen Faszination für athletische Körper ab. Ich selbst war ja recht schmächtig, um nicht gar zu sagen etwas feminin.

Das mein Verhalten sexuelle Ursachen haben könnte, kam mir erst gar nicht in den Sinn.

Und während mich die anderen Jungen mit beharrlicher Geringschätzigkeit behandelten, mochten mich Mädchen umso mehr.

Besonders eine von ihnen, M, hegte offenbar großes Interesse an mir, was ich natürlich nicht imstande war zu erwidern.

Ich begegnete meinen Mitschülerinnen und besonders

M., lediglich mit einem hohen Maß an Freundlichkeit (oder Höflichkeit), was sie von den anderen Vertretern meines Geschlechts so nicht gewohnt waren.

Jungs in meinem damaligen Alter neigten ja dazu, ihre pubertären Unsicherheiten durch übertriebene Zurschaustellung des eigenen Selbstbewusstseins zu übertünchen, was im Allgemeinen in etwas peinlichem Gehabe seinen Ausdruck fand. Zumindest empfand ich das so.

Ich selbst neigte dazu, sehr zurückhaltend aufzutreten, was Mädchen offenbar sehr anziehend fanden.

Dass ich mit meinem Verhalten die sprichwörtliche Büchse der Pandora öffnete, wurde mir leider erst etwas später bewusst.

Der Auslöser für eine meiner am meisten leidvollen Erfahrungen ereignete sich an einem warmen Frühsommertag, als ich während einer Pause auf dem Schulhof mit einigen der Mädchen aus meiner Klasse zusammenstand.

M., die nach wie vor meine Nähe suchte, stand unmittelbar neben mir.

Ich trug zu dieser Zeit stets Hemd und Jeans, da mir dies am unauffälligsten erschien und ich der Mode an sich ohnehin nur wenig abgewinnen konnte.

Es dauerte nicht lange, bis M sich mit den Worten »Dir muss ja unglaublich warm sein!« an den Knöpfen meines Hemdes zu schaffen machte.

Da ich in meiner grenzenlosen Naivität keine Ahnung hatte, was Mädchen meines Alters so im Schilde führten, ließ ich sie gewähren, sodass ich letztendlich mit offenem Hemd vor einer Gruppe laut kichernder Gören stand.

Vor allem aber wusste ich zu diesem Zeitpunkt nicht,

dass mein Schulkollege A., der eine besonders tiefe Abneigung gegen mich hegte, M. schon seit Längerem als seine potenzielle Gefährtin auserkoren hatte.

Diese Erkenntnis jedoch kam schneller, als mir lieb war.

Denn es entging mir nicht, dass er diese eigentlich ganz harmlose Szenerie bereits seit einer Weile mit Argusaugen beobachtet hatte und mich mit hasserfüllten Blicken bedachte.

Ich zog mich also so schnell wie ich nur konnte, zurück, wohl bereits ahnend, dass das Folgen für mich haben würde.

Von welcher Art diese Folgen sein würden, vermochte ich mir zu diesem Zeitpunkt natürlich nicht auszumalen.

***

Doch entgegen all meinen Befürchtungen geschah eine ganze Zeit lang überhaupt nichts. Was mir natürlich etwas seltsam vorkam.

Ich hatte längst damit gerechnet, dass A. oder einer seiner Kumpels meinem Affront mit irgendwelchen Prügeleien oder sonstigen verbalen Missbilligungen begegnen würden.

Doch man ließ mich in Ruhe.

Ignorierte mich sogar.

Eine trügerische Routine begann sich in meine Tage zu schleichen.

Eine Regelmäßigkeit, die mir zeitweilig sogar meine Ängste nahm, sodass ich mehr oder minder unbelastet meinen Alltag zu meistern begann.

Bis ich leider den nächsten Fehler beging.

Als wir eines Tages während einer Pause darüber sprachen, dass Jungs sich mit Jungs und Mädchen sich mit Mädchen besser verstanden, rutschten mir leichtfertigerweise die Worte »Ich mag Jungs!« heraus.

Da ich mir in diesem Augenblick sofort bewusst geworden war, was ich da eigentlich von mir gegeben hatte, versuchte ich augenblicklich zurückzurudern und meine Aussage wieder zu relativieren.

Ohne Erfolg.

Denn meine Klassenkameraden kannten mich inzwischen gut genug und kamen so schnell zu der Gewissheit, dass es da nichts zu relativieren gab.

Besonders A. sah mich mit blankem Entsetzen an.

Entsetzen, das recht schnell in Hass umschlug.

In blanken Hass.

Und so kam es, dass ich fortan in der Klasse als schwul galt.

Es ist wohl nicht schwer zu erahnen, was es für einen Jungen wie mich bedeutete, sich in den Siebzigerjahren als schwul zu outen; einer Zeit, in der jedweder Toleranzgedanke gegenüber sogenannten *Andersartigen* vollkommen abwegig war.

Die Achtundsechziger hatten zwar für eine gewisse Umwälzung innerhalb einer stockkonservativen Gesellschaftsordnung gesorgt, doch ihr kurzzeitiges Aufblitzen war inzwischen längst wieder in den Annalen der Geschichte verschwunden.

Deutschland war in weiten Teilen der Bevölkerung so intolerant wie eh und je.

Mein unfreiwilliges Outing hatte natürlich Konsequenzen.

Während die Jungs, allen voran A., mir mit noch mehr Ablehnung begegneten, distanzierten sich nach und nach auch die Mädchen von mir.

Als Schwuler taugte man damals einfach nicht zum besten Freund, so wie es heute oft gängige Praxis ist, sondern galt lediglich als Mann, der nicht länger als potenzieller Partner in Frage kam.

Ich war also wieder isoliert, auf mich allein gestellt und erneut jeder nur erdenklichen Anfeindung ausgeliefert.

Ihren Höhepunkt fanden diese Anfeindungen nur wenige Tage später.

Bereits am Morgen, als ich mich auf den Weg in die Schule machte, hatte ich das mulmige Gefühl, dass etwas passieren würde.

Nach allem, was mir bisher in meinem Leben widerfahren war, hatte ich inzwischen eine Art Instinkt dafür entwickelt, wenn sich einschneidende Ereignisse anzubahnen begannen.

Man konnte es wohl auch durchaus als Intuition bezeichnen.

Verstärkt wurde alles noch von Eindrücken, die ich in den Tagen zuvor von meinen Mitschülern gewonnen hatte, sodass ich spätestens dann, wenn ich den Schulhof betrat, merkte, dass wieder einmal etwas auf mich zukommen würde.

Ich war also an diesem Tag auf Prügel eingestellt, war darauf vorbereitet, erneut *eine aufs Dach zu kriegen* und hatte mir bereits eine Strategie zurechtgelegt, wie ich diesen am besten aus dem Weg gehen könnte.

Sie bestand im Wesentlichen darin, mich während der

Pausen nicht aus dem Klassenzimmer zu bewegen und es einige Minuten vor Unterrichtsende unter einem Vorwand frühzeitig zu verlassen.

Jedoch hatte ich für das, was an diesem Tag geschah, niemals einen Plan parat haben können.

Sehr zu meiner Erleichterung war A. nicht anwesend gewesen.

Ich erinnere mich noch genau, wie erleichtert ich war. Für eine Weile hatte ich tatsächlich die trügerische Hoffnung, dass mir meine Fantasie dieses Mal einen Streich gespielt hatte und sich ein ereignisloser Schultag anbahnen würde.

Ich beschloss dennoch vorsichtig zu sein.

Als etwa die Hälfte des Mathematikunterrichts verstrichen war, entschuldigte ich mich, um die Toilette aufzusuchen. In meiner Realschule befanden sich diese nicht im selben Gebäude, sondern lagen etwas weiter entfernt, in einer kleinen Baracke jenseits des Schulhofs.

Ich schulterte meine Schultasche, schlich mich verstohlen wie eh und je über den Hof und erreichte diesen abgerissen wirkenden Raum, der stets im Halbdunkel einer spärlichen Beleuchtung lag.

Ich habe diesen Ort stets als trostlos empfunden.

Als eine typische Schultoilette eben.

Ein kahles Etwas mit von leichten Rissen durchzogenen Wänden, mit von Kalk- und Urin befleckten Pissbecken, die bei Gott schon bessere Zeiten gesehen hatten und knarrenden Toilettentüren, die zumeist in abstrakter Unregelmäßigkeit halb offen standen.

Als ich sicher war, dass ich allein bin, ging ich daran,

die Sache so schnell wie möglich hinter mich zu bringen, um diesen schmuddeligen Platz schnellstmöglich wieder verlassen zu können.

Und als so nichts ahnend dastand und begann, mein Geschäft zu verrichten, merkte ich, wie sich plötzlich etwas regte.

Ein kaum merklicher Luftzug fuhr mir unverhofft in den Nacken.

Ein Indiz dafür, dass die Tür hinter mir aufgerissen worden war.

Nur eine Sekunde später ließen mich zwei heftige Schläge oder Tritte in die Kniekehle abrupt zusammensacken.

Ich fiel mit einem Klatschen auf den Boden, ohne dabei aufzuhören zu pinkeln. Ich hatte gottlob die seltsame Angewohnheit, nicht nur den Hosenstall, sondern die Hose als Ganzes zu öffnen und sie ein Stück weit hinunterzuziehen, sodass ich mich nicht gleich vollkommen einpisste.

Dennoch fühlte es sich extrem unangenehm an, vor allem, weil ich nicht aufhören konnte.

Das Zischen meines eigenen Atems, den ich auf den schmutzigen Grund unter mir stieß, hallte unablässig von den kahlen Wänden wider.

Als ich wieder einigermaßen zu mir kam, begann alles in mir nach Flucht zu schreien.

Ich versuchte mich aufzurappeln, war jedoch wie gelähmt.

Als ich aufsah, erkannte ich, wie zwei harte Schuhsohlen auf das weiche Fleisch meiner Hände gepresst wurden.

Meine Handrücken begannen wie Feuer zu brennen und ich war nicht einmal ansatzweise imstande, mich zu befreien. Und je mehr ich versuchte mich zu lösen, umso heftiger wurde das Brennen.

Ich versuchte erneut mich aufzurappeln, doch etwas Schweres, das in meinen Rücken gedrückt wurde, ließ mich schnell wieder innehalten.

»Was jetzt?«, ertönte es über mir.

Es war A., der gesprochen hatte.

»Jetzt kriegt er das, was er verdient!«, lautete die Antwort darauf. Ich erkannte die Stimme sofort. Sie gehörte einem weiteren Mitschüler von mir: T..

Ein Dritter, der direkt über mir stand, begann zu lachen.

»Genau!«, sagte J., der im Unterricht eine Reihe hinter mir saß und presste seinen Fuß noch fester in meinen Rücken. »Haltet die Schwuchtel gut fest!«

Ich erwartete nun die obligatorischen Prügel und hatte mich längst in mein Innerstes zurückgezogen. Ein simpler Reflex, der mich seit Längerem von noch mehr seelischem Schaden bewahrte.

Doch Prügel wären an diesem Tag noch eine milde Bestrafung gewesen.

Und als ich so dalag, zitternd vor Angst, die Oberseite meiner Hose von Urin durchtränkt, spürte ich plötzlich, wie mir etwas Kaltes, Hartes in den Hintern geschoben wurde.

Ich weiß nicht mehr genau, was es gewesen ist, denke aber heute, dass es ein Besenstil war, den J. vermutlich aus der Kammer neben den Toiletten entwendet hatte.

Der Schmerz, der augenblicklich meinen Körper durchströmte, fuhr mir wie ein Blitzschlag ins Gebein.

Mein gesamter Unterleib und auch meine Beine verfielen in eine Art Schockstarre, sodass ich nicht mehr imstande war, mich auch nur einen Millimeter zu bewegen.

Alles fühlte sich wie betäubt an. Es gab nur noch dieses kalte, harte Etwas, das sich unerbittlich weiter in mich hineinzwängte und das Gewebe in meinem Anus bis zu Zerreißen spannte. Ich wartete nur noch darauf, bis mir das Blut aus dem Hintern zu schießen begann.

Doch der menschliche Körper ist eine erstaunlich zähe Maschine. Selbst als J. damit begann, den Stock immer wieder herauszuziehen und wieder hineinzurammen, hielt er überraschenderweise stand.

Die Schmerzen waren dennoch unerträglich.

So ging das eine ganze Weile.

Sekunden wurden zu Minuten, Minuten zu Stunden.

Zu Stunden der Qual.

Bis das erbarmungslose Rund schließlich wieder aus mir gezogen wurde.

Und als ich bereits dachte, dass es endlich vorbei wäre, bemerkte ich, wie J. sich hinter mir in Stellung brachte.

Ich ahnte bereits, was er vorhatte, glaubte aber nicht, dass ein Nichtschwuler wie er dazu überhaupt fähig sein würde.

Doch nur eine Sekunde später wurde ich eines Besseren belehrt.

Dann, als er mit einem Ruck in mich eindrang und mich hart zu ficken begann.

Während er sein Becken unablässig auf meinen entblößten Hintern niedersausen ließ, spürte ich seinen stoßweisen Atem in meinem Nacken, durchsetzt von gelegentlichem Stöhnen, das er von sich gab.

Offenbar hatte er tatsächlich Gefallen daran gefunden, einen anderen Mann so hart ranzunehmen.

Ich hingegen erlitt Höllenqualen.

Der Schmerz in meinen Händen war längst bedeutungslos geworden, war dem dumpfen Klatschen gewichen, das diese rohen Stöße begleitete.

Alles in mir brannte wie Feuer.

Ich weiß nicht mehr, wie lange diese Vergewaltigung andauerte und ich weiß auch nicht mehr, ob J. einen Orgasmus hatte; es war in diesem Moment auch bedeutungslos.

Selbst nach all diesen Jahren ist es mir ein Rätsel, wie jemand, der Männern gegenüber keinerlei sexuelle Präferenz hatte, zu so einer Tat überhaupt fähig war.

Aber irgendwann ließ er schließlich von mir ab.

Er hatte mich offenbar lange genug gedemütigt.

Ich hatte aus seiner Sicht meine gerechte Strafe erhalten.

Meine Peiniger ließen mich schließlich in meiner eigenen Pisse samt heruntergezogener Hose liegen.

Kaum in der Lage, meine Hände zu bewegen, in denen sich Schuhabdrücke in Form roter Muster deutlich abzeichneten, geschweige denn aufzustehen, lag ich eine schier endlos lange Zeit da.

Ich war weder imstande zu heulen, noch sonst irgendeine Form von Regung zu zeigen, die meinem Schmerz entsprechend Ausdruck verlieh.

Alles vor mir war nur noch in dunklem Grau verschwommen.

Man hatte eine Tür geöffnet.

Eine Grenze überschritten, die noch mehr als meine Erfahrungen im Kinderheim letztendlich dafür sorgte, dass der letzte Funken Selbstachtung in mir erloschen war.

Und es sollte Jahrzehnte dauern, bis ich sie zumindest

ansatzweise wiedergewinnen konnte.

Als ich schließlich wieder imstande war aufzustehen, machte ich mich wieder einigermaßen sauber.

In der Umkleide der naheliegenden Sporthalle trocknete ich meine Kleidung und übertünchte den Uringeruch an meiner Hose mit dem ausufernden Einsatz des Deodorants, das ich stets in meiner Tasche mit mir trug.

Und dann tat ich etwas, das Sie vermutlich überraschend wird: Ich ging tatsächlich wieder zurück in meine Klasse.

Ich weiß nicht mehr, warum ich nicht einfach nach Hause gegangen bin, warum ich die Stätte meiner größten Demütigung nicht augenblicklich verlassen habe.

Nein, ich ging einfach wieder zurück.

Ich nahm wortlos Platz, noch immer gefangen, in den schrecklichen Eindrücken von vorhin und starrte für den Rest des Unterrichts einfach ins Leere.

Niemand nahm auch nur die geringste Notiz von mir.

Ich wäre ohnehin nicht fähig gewesen, irgendjemandem Beachtung zu schenken, selbst wenn man mir irgendeine Form der Anteilnahme zuteil hätte werden lassen. Ich hätte mich wohl seelisch entblößt gefühlt, nackt und verletzlich, mehr als ich es bis zu diesem Ereignis ohnehin bereits gewesen war.

Ich war endgültig alleine.

Hinabgetaucht in Tiefen, aus denen es keine Wiederkehr mehr geben konnte.

Als ich nach endlos scheinen Stunden endlich wieder zu Hause angekommen war, zog ich mich wortlos in mein Zimmer zurück und ergab mich vollends meiner Agonie.

Meinen Eltern gegenüber rechtfertigte ich mein Verhalten mit einer vorgetäuschten Übelkeit. Ich weiß nicht, ob sie insgeheim ahnten, dass etwas Furchtbares geschehen war. Ich habe weder mit ihnen noch mit sonst irgendjemanden in meinen Leben darüber gesprochen.

Bis heute.

Bis zu dem Zeitpunkt, als ich diese Zeilen niederzuschreiben begann.

***

Die nächsten Wochen vergingen mit den üblichen Quälereien, vor allem durch A. und seinen Vergewaltigergefährten J..

Ich wurde regelmäßig verprügelt, bekam einmal Zahnpasta in die Nase gequetscht und ließ ohne erkennbaren Widerstand jede Form verbaler Misshandlung über mich ergehen.

Seit dem Vorfall auf der Toilette war ich überhaupt nicht mehr imstande, mich in irgendeiner Form zur Wehr zu setzen.

Ich dachte auch nicht mehr darüber nach, ob es noch schlimmer kommen könnte. Es war bedeutungslos geworden. In mir regte sich kaum noch etwas.

Doch leider kam es noch schlimmer.

Es war zwar nicht in diesem hohen Maße entwürdigend wie die Vergewaltigung, hatte aber physisch weitaus tiefgreifendere Folgen.

Im Zuge einer der üblichen Prügeleien fiel ich etwas unglücklich nach hinten, sodass mein Kopf auf einen

Stein schlug, der herrenlos auf dem Gehsteig herumlag.

Daraufhin wurde ich mit dem Verdacht auf eine schwere Gehirnerschütterung ins Krankenhaus eingeliefert, wo man darüber hinaus noch eine temporäre Form der Achromatopsie (im Volksmund auch Weißblindheit genannt) diagnostizierte.

Die Welt um mich herum war von einem Moment auf den anderen in nebelartiges Grau versunken.

Ich konnte nicht mehr ordentlich sehen.

Eine scheußliche Erfahrung.

Da man scheinbar vermeiden wollte, dass ich mich bewege, wurde mein Kopf im Zuge der Behandlung, die etwa drei Wochen andauerte, in einer Art Schraubstock fixiert und mir wurden Medikamente verabreicht, die mich – ich finde leider kein anderes Wort dafür - in eine Art Delirium versetzten. Vermutlich um mich ruhig zu stellen, um so plötzliche Bewegungen zu vermeiden.

Ich dämmerte also in der Ungewissheit vor mich hin, je wieder richtig sehen zu können.

Zu dieser Zeit fuhr mir unentwegt ein Gedanke durch den Kopf: »So endet es also! Ich bin dazu verdammt, halb blind durch mein restliches Leben zu stolpern!«

Meine Verzweiflung hatte eine neue Stufe erreicht.

Es schien kein Zurück mehr zu geben.

Doch allen meinen Befürchtungen zum Trotz besserte sich mein Zustand wieder.

Ich konnte das Krankenhaus schließlich wieder als Normalsehender verlassen und in ein Leben jenseits des Nebels zurückkehren.

Und natürlich musste ich auch wieder die Schule besuchen, was die Freude über meine Genesung wieder trübte.

In den Tagen vor meinem ersten Schulbesuch malte ich mir bereits aus, was mir als nächstes widerfahren würde.

Konnte es noch eine Steigerung geben?

Ja, vielleicht in Form eines frühen Todes.

Doch ich musste feststellen, dass etwas anders war.

Als ich die Klasse wieder betrat, hatte ich das Gefühl, meine Mitschüler, allen voran die drei Vergewaltiger, wären über meine Rückkehr erleichtert.

Erst später erfuhr ich, dass mein Klassenlehrer diesen Vorfall dazu benutzt hatte, endlich härter durchzugreifen.

Er hatte meinen Mitschülern eindringlich erklärt, dass Gewalttaten wie diese schwerwiegenden Folgen, wie etwa jene einer Gehirnblutung haben könnte, was im schlimmsten Fall tödlich enden konnte.

Die Furcht davor, als Mörder oder zumindest als Totschläger gebrandmarkt zu werden, hatte letztendlich selbst bei diesen Soziopathen eine Art Sinneswandel nach sich gezogen.

Und Sie werden es kaum glauben!

Für den Rest meiner Schulzeit wurde ich tatsächlich in Ruhe gelassen.

Es gab keine Prügeleien und auch keine verbalen Angriffe mehr.

Es war mir endlich vergönnt, ein einigermaßen normales Leben zu führen.

Klingt es in Ihren Augen absurd, wenn ich sage, dass ich tatsächlich dankbar dafür war? Dankbar dafür, dass ich endlich meine Ruhe hatte, obwohl ich einen derart hohen Preis für diese Ruhe hatte zahlen müssen?

Vermutlich.

Denn in Ihren Augen ist das Recht auf körperliche und seelische Unversehrtheit ein fundamentales Recht, ein Grundrecht. Etwas, das man sich nicht verdienen muss, etwas, das gottgegeben ist.

Ich selbst jedoch gestand mir dieses Recht unterbewusst nie zu.

Denn so war ich konditioniert worden.

So hatte man mich geschaffen.

Damals im *Roten Zimmer*.

Und was Gott anbelangt, oder an wen auch immer die Menschen dort draußen glauben: Er hatte in meiner Welt nie einen Platz gehabt. Nicht, weil ich es nicht wollte, sondern weil es mir einfach nicht vergönnt gewesen war.

Gleich, ob er nun tatsächlich existiert oder nur ein Hirngespinst der sogenannten Gläubigen ist: Als man mich auf der Schultoilette vergewaltigt hat oder ich schwer verletzt im Krankenhaus lag – er hatte entweder keine Zeit gehabt oder ganz einfach nicht hingesehen.

KAPITEL IV

LEHRE & ERWACHEN

Als ich die Realschule endlich hinter mir lassen und in das sogenannte wirkliche Leben entlassen wurde, begann ich eine Lehre als Polsterer.

Ein Beruf, der heutzutage immer seltener erlernt oder ausgeübt wird.

Ich hatte jedoch durchaus Freude daran.

Dic Arbeit war angenehm abwechslungsreich und meine Kollegen waren im Regelfall recht freundlich.

Keine Spur mehr von den Misshandlungen, die ich zuvor in der Realschule über mich ergehen lassen musste.

Ich befand mich nun unter Erwachsenen, unter Familienvätern, sprich unter Menschen, deren Neigungen nicht daraus bestanden, anderen Schmerz zuzufügen.

So dachte ich zumindest.

Naiv, wie ich nun mal war, lag es jenseits meiner Vorstellungskraft, dass es dort draußen noch eine andere Form des Sadismus gab. Eine, die zwar gewissen Gesetzen folgte, jedoch nicht minder grausam war.

Unter meinen Kollegen gab es einen etwas älteren Gesellen, E., der von Beginn an Interesse an mir zeigte. Offenbar war ihm nicht entgangen, dass ich etwas anders gepolt war, was, wie sich kurz darauf herausstellte, auch seine Gesinnung war.

Ich war natürlich geschmeichelt, dass ein älterer, reifer Mann Interesse an mir zeigte, und so dauerte es nicht lange – nur etwa eine Woche - bis er mich *rumgekriegt* hatte.

Wir verabredeten unser erstes heimliches Treffen.

Es sollte direkt im Betrieb stattfinden, dann, wenn die Kollegen Feierabend gemacht hatten.

Denn innerhalb der Werkstatt gab es einen Raum, in dem der gesamte Vorrat an Schaumstoff gelagert wurde, den wir für die Polsterungen verwendeten. Man könnte als durchaus sagen, dass sich dieses Lager perfekt als heimliches Liebesnest für mein erstes Mal eignete - die Vergewaltigung natürlich ausgenommen.

Doch diese hatte ich längst aus meinem Gedächtnis gestrichen.

Oder es zumindest versucht.

In Erwartung, dass meine Neigungen nun endlich Erfüllung finden würden, konnte ich den herannahenden Abend kaum erwarten.

Ich traf mich also mit E. im Lager, wo er mir gleich befahl, mich auszuziehen und mich hinzulegen.

Ich tat wie mir geheißen und war ganz in der Erwartung eines innigen Liebesaktes, zumindest eines Vorspiels, da ich törichterweise annahm, E. wäre verliebt in mich gewesen.

Doch die Ernüchterung folgte kurz darauf.

Ohne mich entsprechend vorzubereiten, packte er mich, drang einfach in mich ein und begann mich hart zu vögeln.

Offenbar bestand der einzige Reiz für ihn darin, mich zu entjungfern. Er wusste ja nichts von der Vergewaltigung und war daher der festen Annahme, er wäre mein Erster.

Es dauerte nicht lange, bis dieses Gefühl, dass ich bereits kannte, sich erneut einstellte. Diese Lähmung im Unterleib und in den Beinen, die jedwedes Lustempfinden augenblicklich aus meinem Körper jagte.

Glücklicherweise war E. nicht besonders üppig bestückt, sodass die Schmerzen, die er mir zufügte, nicht so schlimm waren, wie beim letzten Mal.

Dennoch war es ein ernüchterndes Erlebnis für mich.

Die Leidenschaft, die ich mir erhofft hatte, war simplem mechanischem Gehämmer gewichen, das augenscheinlich nur E. Befriedigung verschaffte.

Als er endlich zum Höhepunkt gekommen war, hatte er zumindest den Anstand, sich bei mir zu revanchieren, indem er mich oral befriedigte. Der Umstand, dass es eine recht lange Zeit in Anspruch nahm, bis ich endlich kam, schien ihn dabei nicht zu stören.

Es hatte eben gedauert, bis ich meine Enttäuschung entsprechend verdaut hatte.

Bevor wir gingen, bemerkte er noch, dass meine Körperbehaarung - besonders an den Genitalien und am Hintern - ekelhaft wäre und er kein großes Interesse an weiterem Sex mit mir haben würde, sollte ich das nicht in Ordnung bringen.

Ich wusste in diesem Moment nicht so recht, was ich darauf erwidern sollte, sodass ich lediglich mit den Achseln zuckte und zustimmend nickte.

»Weißt du was? Ich werde das für dich machen!«, sagte er, nachdem er meinen Gehorsam wohlwollend zur Kenntnis genommen hatte.

Aus Angst, den einzigen Menschen zu verlieren, der Interesse an mir zeigte, willigte ich sofort ein.

Einige Tage später lud er mich in seine Wohnung ein, wo er mich ohne große Vorreden in sein *Spielzimmer* führte.

In dem relativ schmucklosen Raum stand ein Sofa, neben dem eine Kette hing, an der zwei Handmanschetten montiert waren.

Ich betrachtete diese Utensilien mit einer Mischung aus Faszination und ein wenig Abscheu. So etwas hatte ich noch nie zuvor in meinem Leben zu Gesicht bekommen.

Er befahl mir wieder, mich vollständig auszuziehen.

Zu meiner Verwunderung machte er dann meine Hände an den Handmanschetten fest und zog die Kette nach oben, sodass ich schließlich recht stramm daran hing, aber noch genügend Raum hatte, um fest auf dem Boden zu stehen.

Er meinte lapidar, *dies müsste so sein*, da man so die Haare unter den Achseln besser entfernen kann.

Dann beförderte er einen Einwegrasierer aus seiner Tasche und begann mich trocken am gesamten Körper zu rasieren.

Oder vielmehr abzuschaben.

Damit war es jedoch nicht getan.

Für die restlichen Haare, also jene, die schwerer zugänglich waren, hatte er sich etwas Besonderes einfallen lassen.

Er ergriff ein Feuerzeug und begann sie nacheinander in Brand zu setzen und die winzigen Flämmchen mit der Hand wieder auszuschlagen.

Ein unangenehmer Geruch nach verbrannten Haaren begann den gesamten Raum auszufüllen.

Dessen ungeachtet, begann ich langsam Gefallen an dieser Prozedur zu finden.

Denn die Schläge, die eigentlich mehr Schmerzen verursachten als das kurze Brennen, das ihnen vorausging, hatten etwas ungemein Stimulierendes an sich.

Besonders im Scham- und im Anusbereich führten sie letztendlich dazu, dass ich eine heftige Erektion bekam, was nachträglich betrachtet natürlich seine Absicht gewesen war.

Findig wie er war, setzte er diese Behandlung so lange fort, bis mich ein mächtiger Orgasmus überkam.

Nachdem es vorbei war, grinste er zufrieden, ermahnte mich aber gleichzeitig mit den Worten, dass es mir künftig ohne seine Erlaubnis nicht mehr gestattet war abzuspritzen, da ich ansonsten bestraft werden müsste.

Das kam mir zwar etwas seltsam vor, aber devot, wie ich nun mal war, stimmte ich zu. Vielleicht glaubte ich in diesem Moment sogar, er hätte sich einen Scherz mit mir erlaubt.

Ich ahnte natürlich noch nicht, dass ich an diesem Tag den ersten Schritt in eine vollkommen neue Welt getan hatte. In eine Welt, die tief in den Schatten einer verschwiegenen und verschworenen Gemeinschaft existierte.

Bereits an diesem Tag war ich zu einem Spielzeug geworden.

Hatte E. mich zu einem Spielzeug gemacht.

Zu seinem Spielzeug.

Und ich wurde sogar noch etwas mehr als das.

Als sich unsere gemeinsamen Treffen und diversen Spielchen zu häufen begannen, begann er mich langsam, aber stetig immer tiefer in diese Welt, in seine Welt einzuführen.

Den Anfang machte er damit, mich in eine seiner Stammkneipen mitzunehmen.

In eine sogenannte Schwulenbar, um genau zu sein.

Da ich gerade erst Sechzehn geworden war, musste E. den Inhaber natürlich erst überreden, mich hineinzulassen. Nach einigem Hin und Her ließ sich letztendlich auch das lösen.

So saß ich also an der Theke, in der Gesellschaft von Erwachsenen, allesamt schwul, ganz in der Erwartung, man würde mich auch als solchen behandeln.

Doch ich hatte zu diesem Zeitpunkt natürlich keinerlei Vorstellung davon, was mein Geselle eigentlich im Schilde führte.

Und so orderte E. für sich ein Bier und ich bekam … ein Glas Milch.

Ein Glas Milch!

Wie für einen kleinen Jungen, der kurz darauf ins Bett geschickt werden sollte.

Das Gelächter, das ich dafür von den übrigen Anwesenden erntete, dröhnt mir noch heute in den Ohren.

»Na los!«, forderte E. mich auf. »Trink schon!«

Ich war natürlich wenig begeistert, trank es aber aus.

Das diese Banalität der Auslöser für ein ganzes Sammelsurium weiterer skurriler Regeln werden sollte, kam mir dabei nicht in den Sinn.

Ein kleiner Vorgeschmack davon wurde mir jedoch bereits an diesem Tag gewährt.

Denn als ich ein wenig später die Toilette aufsuchte, wurde ich von einigen der anderen Barbesucher unter schallendem Gelächter mit den Worten »Willst Du mal meine Milch probieren?« oder »Hier hast Du ne richtige Milch zu trinken!« empfangen, wobei sie sich nicht scheuten, mir in aufdringlicher Manier ihre erigierten Penisse vor die Nase zu halten.

Es wurde ein regelrechter Spießrutenlauf.

Ich zwängte mich vor Scham durch diese recht offenherzige Gesellschaft hindurch und versuchte, so gut es eben ging, mir nichts anmerken zu lassen.

Nachträglich betrachtet war es nicht schwer zu erahnen, was E. damit bezweckt hatte: Er hatte meine Unterwürfigkeit, meine Fähigkeit zu unbedingtem Gehorsam getestet.

Und ich hatte mit Bravour bestanden.

Er hatte, ohne dass ich es bemerkt hatte, bereits jene Rangordnung etabliert, die fortan unser Zusammensein bestimmen würde.

An jenem Tag verlangte er von mir, ihn fortan zu Siezen.

Mir hingegen wurde der klingende Name *Pussyboy* oder zeitweilig auch *kleines Äffchen* verliehen.

Pussyboy fand ich weniger schlimm als kleines Äffchen. Ich war zwar nur eins siebzig groß, mit einem Primaten verglichen zu werden, ging mir zu diesem Zeitpunkt jedoch ein Stück zu weit.

Doch verglichen mit dem, was noch kommen sollte, waren beide Titulierungen nur Banalitäten, Bagatellen.

Denn die Ereignisse an diesem Tag waren letztendlich nur der Prolog für jene tiefgreifende Veränderung, die fortan mein Leben in eine andere Richtung lenken sollten.

Nachdem ich etwas mehr als drei Monate in der Lehre und die meiste Zeit über E.´s Gespiele gewesen war, nahm er mich eines Tages während der Frühstückspause auf die Seite, um mir einen Katalog mit diversen Sexspielzeugen zu zeigen.

Genauer gesagt SM-Spielzeug.

Man fand so gut wie alles darin. Handmanschetten, Rohrstöcke, Peitschen und natürlich auch Dildos in allen erdenklichen Varianten. Er hatte bereits einige der Sachen markiert und fragte mich, ob ich Lust hätte, sie gemeinsam mit ihm auszuprobieren.

Ich war zwar noch immer von meinen Ängsten, vor allem von meiner mangelnden Fähigkeit mich anderen Menschen zu öffnen, kompromittiert, da wir jedoch seit längerer Zeit Sex miteinander hatten, hatte ich inzwischen ein wenig Vertrauen gefasst, sodass ich schließlich zustimmte.

Davon abgesehen war ich seit jeher neugierig und die Aussicht auf neue Erfahrungen hatte etwas enorm Reizvolles an sich.

Nach einigen Tagen fragte mich E., ob ich nach Feierabend etwas Zeit hätte, da er meine Hilfe benötigen würde.

Nachdem die übrigen Gesellen und Lehrlinge den Betrieb verlassen hatten, holte er eine Peitsche – einen sogenannten Flogger – hervor.

Offenbar waren seine *Spielsachen* inzwischen eingetroffen.

Ich war bereits gespannt, was er damit vorhatte und sah mich bereits inmitten eines leidenschaftlichen Aktes. Der Sex war bis dato eigentlich recht ansprechend gewesen, E.´s männlicher *Defizite* zum Trotz, obgleich ich natürlich noch keinerlei Vergleiche zu anderen Männern ziehen konnte.

Doch anstatt loszulegen, gingen wir daran, den Griff des Floggers mit Schaumstoff zu überziehen und anschließend mit rotem Leder zu vernähen.

Nebenbei sei bemerkt, dass E. sein Handwerk verstand. Es wurde für mich recht schnell ersichtlich, worauf das alles hinauslaufen sollte.

Denn am Ende hatte der Peitschengriff die Form eines satten Dildos.

Dann er befahl er mir mich auszuziehen und meinte, er wolle den Flogger gleich an mir ausprobieren.

Ich zuckte kurz zusammen, während mir langsam die Angströte ins Gesicht schoss. Das Ding wirkte auf mich derart monströs, dass ich mir nicht vorstellen konnte, was genau er damit machen wollte.

Doch zunächst begann er mit ein paar harmlosen Peitschenhieben gegen meinen Rücken und meinen Hintern, die er nach und nach ein wenig verstärkte.

Selbst die etwas stärkeren waren nicht wirklich unangenehm, sondern verursachten lediglich ein leichtes Brennen. Ich kam nicht umhin festzustellen, dass mich der gesamte Vorgang enorm erregte.

Vor allem, als er gegen meine Genitalien schlug.

E. war recht versiert in dem, was er tat. Gegen den Penis zu peitschen, kann unter Umständen böse enden. Vor allem dann, wenn sich die Peitschenschwänze um den Schaft wickeln und ein zu abruptes Zurückziehen die Haut zum Reißen bringt.

Als er damit fertig war, musste ich mich umdrehen.

Ich spürte, wie er einige Male auf meinen Anus spuckte und langsam den Griff des Floggers in meinen Hintern schob. Durch unsere Modifikation war er zu einem monströsen Dildo angewachsen, was mir vor allem zu Beginn heftige Schmerzen verursachte. Ich erinnere mich noch gut daran, dass ich beim ersten Eindringen laut aufschrie.

E. ließ sich davon nicht beeindrucken und bohrte unablässig weiter. Er schob den Griff immer ein Stück weiter rein und raus und ließ zeitweilig für einige Sekunden stecken.

Zu meinem Erstaunen gewöhnte ich mich langsam daran. Der Schmerz verflog allmählich und wich einem dumpfen Ziehen, mit dem ich jedoch fertig wurde.

Dennoch war ich erleichtert, als er mich schließlich von diesem Monstrum erlöste.

Ich war schweißgebadet.

Dann drückte er mich ungestüm nach vorne und begann mich hart zu ficken.

Nach diesem Monsterschwanz nahm sich sein kleines Ding jedoch harmlos aus.

Da er mir nicht gestattete zu kommen, biss ich die Zähne zusammen und ließ das Geklatsche über mich ergehen, bis er endlich fertig war.

Am Ende zog ich mir meine Hose über, ohne selbst gekommen zu sein, was mich doch etwas wütend machte. Es war zwar nicht das erste Mal, dass er mir gegenüber diese Vorgehensweise an den Tag legte – und immerhin hatte ich mich dazu auch bereit erklärt – doch bis dahin waren unsere Spielchen vergleichsweise harmlos gewesen. An diesem Tag jedoch hatte ich mir für meine Standhaftigkeit doch eine Belohnung erhofft.

Doch ich schwieg.

Vor allem, weil ich Angst hatte, er könnte aufgrund meines Ungehorsams diese Tortur wiederholen.

Ich denke, ich erkannte insgeheim bereits, dass ich ihm inzwischen in einem etwas ungesunden Ausmaß hörig war.

Es entsprach jedoch meiner Prägung.

Ich habe mich einem emotional Stärkeren ausgeliefert, weil ich nach Halt suchte, nach Schutz suchte. Und ich war wohl zu diesem Zeitpunkt bereits bereit, jeden nur erdenklichen Preis für diese vermeintliche Sicherheit zu zahlen und jedes Opfer zu erbringen, nur um E. zu gefallen.

Er war nun mein *Meister*.

Ohne Wenn und Aber.

Mein Gebieter.

In meiner Welt sollte er langsam, aber unaufhaltsam zu Gott werden.

Mein Leben führte, ohne dass ich etwas dagegen zu tun imstande war, in eine Sackgasse.

***

Durch mein Verhältnis mit E. war ich bei den anderen Lehrlingen im Betrieb nicht besonders gut angesehen.

Ich denke nicht, dass sie ahnten, von welcher Art unsere Beziehung tatsächlich war, doch der Umstand, dass wir ständig Zeit miteinander verbrachten und er mich etwas *anders* behandelte, war Grund genug den Neid, den sie mir gegenüber empfanden, offen zur Schau zu stellen.

Die meiste Zeit über äußerte sich dies in kleineren Hänseleien oder verbalen Untergriffen. Gegen derartige Bagatellen war ich jedoch inzwischen immun, sodass ich dem kaum Beachtung schenkte.

Im Gegenteil.

Ich genoss es sogar ein wenig.

Der Gedanke, dass jemand neidisch auf mich sein konnte, war mir bis dahin nie in den Sinn gekommen.

Ich rechnete nicht damit, dass die Angelegenheit schließlich in einem Ausmaß eskalieren könnte, das mich schnell auf den Boden der Tatsachen zurückbringen würde.

Und E. sollte dabei eine wesentliche Rolle spielen.

Vor allem unter der jüngeren Kollegschaft gab es eine recht amüsante Pausenbeschäftigung, die darin bestand, mit einem Tacker aufeinander zu schießen. Da die Tackerpistolen luftdruckbetrieben und mit hohem Ladedruck betrieben waren, schossen sie die metallenen Klammern gut und gerne vier Meter weit.

Die daraus resultierenden Gefechte waren nicht gerade ungefährlich.

Das Risiko, dass eines der Geschoße ins sprichwörtliche Auge ging, war allgegenwärtig, was uns jedoch nicht davon abhielt, diese kleinen Kämpfe in regelmäßigen Abständen auszutragen.

Wie Jungs nun mal so sind.

Doch während einem dieser Pausengefechte kamen die übrigen Lehrlinge zu dem Schluss, dass es eine gute Idee wäre, mich an eine der Holzwände der Werkstatt zu tackern.

Ich wurde also von zwei Kollegen gepackt, rücklings gegen besagte Wand gedrückt und mit den Ärmeln daran getackert, sodass ich mich nicht mehr bewegen konnte.

Nachdem sie mir mein Hemd aufgeknöpft hatten, begannen sie unter lautem Gelächter aus nächster Nähe auf meinen nackten Oberkörper zu schießen.

Die schnell fliegenden Klammern verursachten mir nur geringe Schmerzen; der Umstand jedoch, dass ich derart exponiert dastehend dem Rest der Belegschaft ausgeliefert war, schmerzte umso mehr.

E., der unweit der ganzen Szenerie ein Sofa aufpolsterte, folgte dem Treiben mehr oder minder teilnahmslos, selbst dann noch, als ich ihm einen hilfesuchenden Blick zuwarf.

Erst nach einer Weile meldete er sich schließlich zu Wort.

Ich dachte zuerst, er würde einschreiten und diesem unwürdigen Treiben ein Ende bereiten, doch genau das Gegenteil war der Fall.

»Wenn Ihr ihm schon das Hemd aufmacht, müsste ihr ihm auch die Hose ausziehen!«, schallte es in meine Richtung. »Sonst ist das nur eine halbe Sache!«

Die anderen beiden Lehrlinge ließen sich nicht lange bitten, öffneten meinen Gürtel und zogen mir Hose samt Unterhose mit einem Ruck herunter, sodass ich schließlich fast nackt dastand.

Nun, da ich vollkommen entblößt war, gingen sie natürlich eifrig daran, meine Genitalien unter Beschuss zu nehmen.

Doch die Geschoße verfehlten allesamt ihr Ziel.

Als Konsequenz daraus rückten sie stetig etwas näher an mich heran, was die Wirkung der Klammern natürlich entsprechend verstärkte.

Der Metallhagel, der dann auf meinen Intimbereich

niederging, war sehr schmerzhaft. Einige der Klammern blieben sogar in der weichen Haut zwischen meinen Beinen stecken.

Ich schrie vor Schmerzen laut auf.

E., den ich eigentlich für meinen Beschützer gehalten hatte, quittierte das lediglich mit einem zynischen Grinsen.

Ich weiß nicht mehr, wie lange dieses Schauspiel noch anhielt, doch irgendwann betrat der Chef - der Big Boss - die Werkstatt und war nicht gerade begeistert von den seltsamen Aktivitäten, denen seine Belegschaft in diesem Moment nachging.

Er fragte E. scharf, was hier vor sich ging, worauf dieser entgegnete, dass er gerade erst die Werkstatt betreten hatte und soeben im Begriff war, *dem Ganzen ein Ende zu bereiten*.

Der Chef nickte lediglich und verließ den Raum mit den Worten »Sie kümmern sich sofort darum!« wieder.

E. wartete, bis wir wieder alleine waren, beförderte seine Polaroid Kamera zu Tage und machte mehrere Aufnahmen von mir.

Dann sagte er zu den anderen Lehrlingen: »Jetzt macht ihn gefälligst los! Für solche Spielereien haben wir hier keine Zeit!«

Den Anderen war natürlich bewusst, dass er es nicht wirklich ernst meinte. Sowohl sein Tonfall wie auch sein Gehabe hatten seine wahre Intention längst offenkundig getan.

Ich selbst hingegen fand es nicht besonders witzig.

Neben den Schmerzen, die man mir zugefügt hatte und welche noch Tage anhielten, hatte ich vor allem gehofft, dass E. früher einschreiten würde.

Nachträglich betrachtet war es nur ein weiterer Schritt, um mich gefügiger zu machen.

Ein weiterer Schritt, der mich näher zu meinem Erwachen hinführen sollte.

***

Kurz nachdem ich siebzehn geworden war, fragte mich E., ob ich Lust hätte, mir etwas Geld nebenbei zu verdienen; und zwar in der Form, dass er mich zu Kunden bringen würde, welche dann gegen Bezahlung mit mir spielen dürften.

Hörig, wie ich ihm inzwischen war, willigte ich ein.

Ich zögerte nicht einmal und ignorierte dabei vollkommen den Umstand, dass ich bereits zuvor für derartige Spiele herangezogen worden war. Damals im Kinderheim.

Ich kann aus heutiger Sicht kaum mehr nachvollziehen, warum ich zugestimmt habe. Eine Erklärung wäre vielleicht, dass die Angst, ihn enttäuschen zu können, schwerer wog als die Furcht, die Geister der Vergangenheit erneut wachzurufen.

Ich hatte meine Erlebnisse aus dem Kinderheim inzwischen tief in meinem Innersten begraben, hatte die Erinnerungen daran einfach aus meinem Gedächtnis gebannt, um mich selbst zu schützen.

So dachte ich zumindest.

Ich war mir wohl einfach nicht bewusst, dass sie bereits in jungen Jahren den Grundstein dafür gelegt hatten, was nun aus mir werden sollte. Ich war, ohne dass ich mir dessen bewusst war, darauf gepolt worden, andere zufriedenzustellen oder sie vielmehr zu *befriedigen*.

Und um dieser Prägung gerecht zu werden, war ich offenbar bereit, alles zu tun. Selbst das, was die Menschen dort draußen als das Undenkbare definierten.

Und natürlich war es mir ein dringendes Bedürfnis, E. zufriedenzustellen.

Und E. war zweifellos zufrieden.

Ich erinnere mich noch gut an den Ausdruck in seinem Gesicht, als ich seinem Vorschlag zustimmte.

Jedoch wandte er ein, dass ich aufgrund der Tatsache, dass ich bisher nur mit ihm Sex hatte – und wie ich bereits erwähnt hatte, war sein Schwanz ziemlich klein – auf dieses Abenteuer vorbereitet werden müsste und daher ein spezielles *Training* notwendig wäre.

Ich verstand natürlich nicht, worauf er damit hinauswollte.

Als wir uns eines Abends wieder einmal länger in der Werkstatt aufhielten, erklärte er mir schließlich, dass es notwendig wäre, meinen Anus etwas zu bearbeiten, sodass ich letztendlich in der Lage sein würde, auch größere Penisse zu verkraften, was wiederum die Voraussetzung für ein gutes Kundenservice wäre.

Es begann an diesem Tag damit, dass er einen Maiskolben und eine Tube Vaseline aus seiner Tasche beförderte und mich wieder einmal aufforderte, mich auszuziehen.

Nachdem er mich auf Alle Viere gezwungen hatte, cremte er den noppigen Schaft, der einen recht ansehnlichen Durchmesser hatte, gut ein und begann ihn langsam in meinen Hintern einzuführen.

Ich begann zu zittern und schwer zu atmen. Aus heutiger Sicht war es vermutlich eine Mischung aus Schmerz, gepaart mit einem gewissen Maß an Erregung, wobei der Schmerz in diesem Fall noch überwog.

Doch ich gab keinen Mucks von mir.

Er ließ den Kolben eine Weile in mir, bis ich mich etwas daran gewöhnt hatte.

E. besaß ein entsprechend fachkundiges Auge, sodass er recht gut abschätzen konnte, wann die Spannung aus meinem Körper gewichen war.

Als mein Zittern schließlich etwas nachgelassen hatte und mein Atem deutlich flacher geworden war, begann er den Kolben zu drehen.

Es ist schwer, dieses Gefühl zu beschreiben. Zum einen ist es höchst unangenehm, da sich die Noppen - also in dem Fall die Maiskörner - in irritierender Weise an der Innenseite des Schließmuskels reiben, wodurch ein Gefühl entsteht, welches ein wenig an Durchfallreiz erinnert; zum anderen jedoch ist der bloße Gedanke daran, dass ein so gewaltiges Ding in einem Platz hat, sehr erregend.

Zumindest war es das für mich.

E. ging dann langsam daran, mich mit dem Kolben zu ficken. Ich weiß nicht, ob er sich dabei selbst befriedigte, da er mir befohlen hatte, nicht in seine Richtung zu sehen.

So ging das eine ganze Weile.

Ich muss gestehen, dass ich begann, langsam Gefallen an diesem Training zu finden, obgleich er auch dieses Mal darauf bestanden hatte, dass ich keinen Orgasmus haben sollte.

Nebenbei soll nicht unerwähnt bleiben, dass er mir auch jede Form der Selbstbefriedigung verboten hatte.

Auch, wenn ich allein war.

Und ich war inzwischen gehorsam genug, dass ich mich auch an diese Regel hielt, was nicht einfach war.

Denn während dieser Lektionen stets aufgegeilt, um dann orgasmuslos zurückgelassen zu werden, zerrte nach einer Zeit enorm an den Nerven.

Natürlich steckte auch dahinter eine Strategie.

Ich sollte stets unter maximaler Spannung mit E.´s Kunden verkehren. So war jederzeit eine entsprechende Orgasmusgarantie gewährleistet.

***

E. hatte also bereits ganze Arbeit an mir geleistet.

Und ich selbst hatte mich inzwischen längst in meine Rolle als sein Sklave eingefügt und betrachtete die Seine, nämlich jene eines Meisters, als Selbstverständlichkeit.

Langsam und unaufhaltsam rutschte ich somit immer tiefer in jenes Abhängigkeitsverhältnis, vor dem mich mein Unterbewusstsein eigentlich hätte warnen sollen.

Doch dafür war es längst zu spät.

Ich war süchtig geworden nach E.´s Lektionen.

Und wohl auch süchtig nach Schmerz.

Denn die Tage, an denen es mir vergönnt war, mich zu erholen, konnte ich die nächste Dosis Schmerz kaum erwarten.

Doch wie jedem Süchtigen musste diese Dosis stets erhöht werden, musste es dieses Quäntchen an *Etwas mehr* geben, um meinen Hunger zu stillen.

Und er verstand es meisterhaft, mir dieses *Etwas mehr* zu geben.

Langsam begann er mich in die verschiedenen Stufen des Schmerzes einzuführen.

In einer der Lektion gab es auch ein Wiedersehen mit einem alten Bekannten – jenem Flogger, den wir zuvor *gepimpt* hatten.

Doch dieses Mal hatte er nicht die Funktion eines Dildos, sondern tat das, wozu er eigentlich geschaffen war: Für das Auspeitschen.

Die ersten Schläge meines Meisters waren eher sanft, beinahe wie ein Streicheln. Die Riemen glitten wie lederne Wellen über mich dahin, sodass es mir kalt den Rücken hinunterlief.

Doch je länger es dauerte, umso heftiger wurden die Schläge.

Am Ende prügelte mein Meister so fest auf mich ein, dass mein Rücken und mein Hintern feuerrot leuchteten.

Ich selbst schwamm in einem Meer aus Sinneseindrücken, das sich aus geschundener Haut und erdachter Striemen manifestierte und war dem Hier und Jetzt vollkommen entrückt.

Es mag in den Ohren Außenstehender absurd erscheinen, doch ich verlangte nach mehr.

Und E. gab mir bereitwillig mehr, als er einen Rohrstock zum Einsatz brachte.

Im Unterschied zum Flogger wird bei der Anwendung des Rohrstocks nicht die Intensität der Schläge, sondern deren Anzahl erhöht. So geht der Meister daran, mit relativ leichten Schlägen an die exakt selbe Stelle den Schmerz langsam zu erhöhen, bis er sich schließlich ins Unerträgliche steigert.

Zu Beginn der Trainings hatten wir vereinbart, dass ich, sobald meine oberste Schmerzgrenze erreicht war, drei Mal auf den Boden klopfen sollte, um ihm so zu signalisieren, dass er aufhören sollte.

Nach etwa fünfzig Schlägen tat ich das auch.

Doch E. war damit nicht zufrieden.

Er erklärte mir, dass es um einen Kunden zufriedenzustellen, unabdinglich wäre, mindestens zweihundert dieser Schläge auszuhalten.

Der Gedanke daran trieb mir ein flaues Gefühl in die Magengrube.

Ich war zutiefst geschockt, beschloss jedoch, mich auch dieser Herausforderung zu stellen.

Doch nicht an diesem Tag.

***

So folgte Lektion auf Lektion, Schmerzerfahrung auf Schmerzerfahrung und ich bewegte mich langsam auf ein Niveau zu, dass meinen Meister zufriedenstellte.

Doch noch bevor mein Training abgeschlossen war, hatte sich das Zusammenspiel zwischen uns längst perfektioniert.

Nicht nur auf physischer, sondern vor allem auf psychischer Ebene.

Denn ich empfand längst tiefe Dankbarkeit für das Leid, das er mir zufügte, während er seine Erfüllung darin fand, mir dieses zuteilwerden zu lassen.

Wir spielten unser Spiel.

Jene perfekte Symbiose zwischen Geben und Nehmen,

deren Fundament ausschließlich aus Schmerzen bestand. Schmerzen, die Außenstehende nicht einmal ansatzweise erahnen konnten.

Als ich aus E´s Sicht endlich soweit war, auch mit anderen Männern, sprich Kunden, zusammenzukommen, teilte er mir mit, dass es notwendig wäre, einen Vertrag zwischen uns zu schließen.

Dieser hatte zwar keine juristische Gültigkeit im herkömmlichen Sinn, galt jedoch für uns als bindend.

Darüber hinaus vereinbarten wir, dass ich von künftigen Honoraren für meine Dienste dreißig Prozent bekam und er den Rest behielt.

Dies wurde nicht schriftlich festgehalten, ich ging aber davon aus, dass E. sein Wort halten würde. Die Aussicht darauf, mir neben meinem mageren Lehrlingsgehalt, dass nur etwas mehr als zweihundert Markt umfasste, etwas dazuverdienen zu können, war natürlich verlockend. Der Umstand, dass ich für meine eigene Befriedigung auch noch bezahlt wurde, war ein weiterer Bonus.

Aber zurück zum Vertrag.

Ich habe diesen über Jahrzehnte aufbewahrt und möchte Ihnen diesen natürlich nicht vorenthalten.

Sklaven Vertrag zwischen dem Meister E. und seinem Sklaven »Pussyboy«

Pflichten des Meisters E.

Der Meister hat auf die körperliche und seelische Unversehrtheit seines Sklaven zu achten. Er hat darauf zu achten, dass die Schmerzgrenze von Pussyboy nicht überschritten wird.

Pflichten des Sklaven Pussyboy

1. Er hat sich jederzeit auf Befehl auszuziehen. Der Sklave hat seinem Meister sowie den „Kunden" des Meisters jederzeit sexuell zu dienen. Er muss seinen Meister und dessen Kunden auf Befehl befriedigen, egal in welcher Form. Er hat jederzeit den Samen seines Meisters und dessen Kunden aufzunehmen.
Es dürfen von Pussyboy ungefragt Fotos und Videos gemacht werden. Es dürfen jederzeit Fesseln, Knebel, Ketten, Halsbänder, Kopfhörer mit Musik in Endlosschleife und Bondages jeglicher Art an ihm angebracht werden. Diese werden ausschließlich von seinem Meister wieder gelöst.
Der Sklave muss jede Art von Sexspielzeug akzeptieren, mit der er ungefragt „bearbeitet" werden kann. Er hat darauf zu achten, dass sein Körper (Achseln, Intimbereich, Brust, Bauch, Beine, Gesäß und Anus) stets rasiert sind.

2. Der Sklave muss immer sauber sein. Er muss immer gegenüber seinem Meister und dessen Kunden gefügig sein. Der Sklave muss Züchtigung und Bestrafungen hinnehmen, auch wenn diese unbegründet sind.
Bestrafungen erfolgen durch Peitsche, Flogger, Rohrstock und heißes Kerzenwachs an allen Körperteilen (außer dem Kopf des Sklaven) sowie Dehnungen seines Anus.
Der Meister darf schweigend agieren, um so Missverständnisse aufzubauen, die zu einer Bestrafung des Sklaven führen. Der Sklave hat seinen Meister und dessen

„Kunden“ stets zu siezen. Er hat den Meister mit „Herr“ oder „Meister“ anzureden, die Kunden hat er mit „Herr“ anzureden. Bei Begrüßungen oder Verabschiedungen hat er sich zu verbeugen. Er darf nur reden, wenn es ihm gestattet wird. Er hat immer an der Seite oder hinter dem Meister zu gehen, es sei denn, er wird aufgefordert vorzugehen, um z.B. eine Tür zu öffnen.

Rechte des Meisters:
Alle

Rechte des Sklaven:
Keine

Als Zeugen zur Unterschrift sind erschienen:
Herr J., Herr L.

Datum & Unterschrift des Meisters
(unter Zeugen)

Datum & Unterschrift des Sklaven
(unter Zeugen und nackt)

Ich trug nun also *offiziell* den Namen *Pussyboy*.
Ich war neu geboren worden.
Ich war *erwacht*.

KAPITEL V

SKLAVE & HERREN

Eines Tages bekam E. den Auftrag, einige Arbeiten bei einem ziemlich reichen Schnösel durchzuführen, der im Begriff war, in seinem Haus eine größere Party auszurichten.

Da wir zu diesem Zeitpunkt bereits auch in beruflicher Hinsicht ein eingespieltes Team waren, verstand es sich von selbst, dass ich als Lehrling mit von der Partie war.

Das Anwesen des Kunden lag etwas außerhalb der Stadt und glich eher einem kleinen Schloss samt angeschlossener Parkanlage als einem Haus.

Als wir ankamen, empfing uns der Besitzer in einem weißen Bademantel, unter dem sein ergrautes Brusthaar deutlich zu erkennen war. Der ältere Typ, der vielleicht so um die siebzig war, pflegte offenbar einen recht ausufernden Lebensstil, was ihm deutlich anzusehen war. Er wirkte etwas aufgedunsen, verlebt, wie man es im allgemeinen Sprachgebrauch so nennt, und war darüber hinaus wohl auch dem Alkohol und diversen Drogen recht zugetan.

Ich stand also einem recht unappetitlichen Zeitgenossen gegenüber, dessen einzig attraktives Attribut offenbar sein Reichtum war.

Nach kurzem Small Talk begannen wir mit unserer Arbeit, die im Wesentlichen daraus bestand, diverse Sitzmöbel mit weißem Tuch zu überziehen, sodass sie zum einen von den Gästen nicht schmutzig gemacht werden konnten, und zum anderen zur restlichen Partyaufmachung, die aus schneeweißen Zelten, Tischen, Statuen und weiß Gott noch was bestand, passten.

Das Motto des kommenden Besäufnisses war zweifellos irgendetwas mit Weiß.

Vielleicht Schnee?

Wie auch immer man das verstehen wollte.

Zu Beginn überlies mir E., oder vielmehr mein Meister, wie ich ihn inzwischen ausschließlich zu nennen pflegte, den Großteil der Arbeit. Er selbst plauderte ausgiebig mit dem reichen Schnösel, ohne dass ich mitbekam, worum es ging.

Nach etwa einer halben Stunde kam er auf mich zu und sagte: »Du hast einen Job! Zieh schon mal Deinen Kittel aus!«

Ich muss an dieser Stelle erwähnen, dass wir während der Arbeit stets weiße Kittel trugen.

Ich gehorchte natürlich.

Als ich schließlich in T-Shirt und Jeans dastand, bemerkte ich, wie der Alte begann, begehrliche Blicke auf mich zu werfen. Obwohl der Gedanke, dass dieses degenerierte Etwas mich anfassen könnte, nur schwer zu ertragen war, ich jedoch bereits ahnte, worauf das alles hinauslaufen würde, ging ich nach außen hin vollkommen unbeeindruckt weiter meiner Arbeit nach.

Und so es dauerte es auch nicht lange, bis ich schließlich auf Geheiß meines Meisters ganz nackt dastand.

Der Alte begutachtete mich nun vollkommen unverhohlen. Und offenbar gefiel ihm, was er sah. Es war recht deutlich an der Beule zu erkennen, die sich durch seinen Bademantel hindurch abzuzeichnen begann.

Zweifellos hatte er mich längst als Lustobjekt auserkoren, sodass es nur mehr eine Frage der Zeit war, bis er mit seinen runzeligen Fingern Hand an mich legen würde.

Doch nur wenig später kam seine Frau – ich gehe zumindest davon aus, dass es seine Frau gewesen ist – die Treppe, die ins Wohnzimmer führte, herab.

Ganz im Gegensatz zum Hausherren war sie wesentlich jünger. Offenbar eine derjenigen Frauen, die, sofern ihnen ein entsprechender Lebensstandard geboten wurde, selbst für die unappetitlichsten Typen die Beine breitmachte.

Es war unübersehbar, dass sie stockbesoffen war.

Sie wankte an mir vorbei, ließ sich auf einen der Stühle nieder und begann missmutig die ganze Szenerie mit ihrem alkoholgeschwängerten Blick zu betrachten.

Der Alte war über ihrer Gegenwart nicht besonders erfreut und forderte sie mehrmals auf, dass sie wieder gehen soll.

Sie jedoch zuckte gleichgültig mit den Achseln und meinte: »Ne, ne, ich bleib jetzt hier! Aber du kannst den Jungen, der gut und gern Dein Enkel sein könnte, ruhig ficken!«

Sie spie ihm diese Worte förmlich entgegen.

Ich empfand diesen Disput irritierend; vor allem die Wortwahl dieser sogenannten Mitglieder der gehobenen Gesellschaft und war eigentlich davon ausgegangen, dass sich die ganze Angelegenheit durch ihre Anwesenheit schnell wieder in Wohlgefallen auflösen würde.

Doch ich lag falsch.

Denn der Alte ließ sich nicht lange bitten.

Ich wurde schnell auf eines der Sofas gepackt, die Knie auf der Sitzfläche und die Arme auf der Lehne, während mein Meister mich an den Handgelenken packte und mich so fixierte.

Der Alte trat hinter mich, fasst durch die Beine hindurch an meinen Schwanz und begann eifrig damit, ihn zu massieren.

Aufgrund der Enthaltsamkeit, die mir mein Meister während der letzten Zeit aufgebürdet hatte, kam ich recht schnell und spritzte auf das Sofa unter mir, das wir zuvor erst frisch überzogen hatten.

Nur eine Sekunde später flog der weiße Bademantel neben mir auf das Sofa.

Ich vermied es nach hinten zu sehen, da der Gedanke, ihn dabei auch noch ansehen zu müssen, nicht besonders reizvoll war.

Dann steckte er seine halbweiche Latte in meinen Hintern und begann mich zu ficken.

Seine Frau, die inzwischen daran gegangen war, sich ein Glas Sekt nach dem anderen die Kehle runterzustoßen, begleitet sein Tun mit einer heftigen Schimpftirade, an der sich der Alte jedoch nicht großartig störte.

Er erwiderte lediglich, *dass sie ihre scheiß Klappe halten solle*.

Es gab inmitten dieser schier unendlich lang scheinenden Minuten nur zwei Dinge, die mich das alles ertragen ließen.

Zum einen war es der feste Griff meines Meisters, der mir etwas Sicherheit in dieser Situation gab, und zum anderen war es die Hoffnung, dass der Alte nicht besonders lange durchhalten würde.

Und gottlob sollte ich recht behalten.

Es dauerte nicht lange, bis er sich in Form einiger armseliger Tropfen auf meinen Hintern entlud und schnell wieder von mir abließ.

Die Dame des Hauses war inzwischen eingeschlafen und hing schlaff wie der Schwanz des Alten in ihrem Sessel.

Mein Meister forderte mich unmittelbar danach auf, *dass sich das kleine Äffchen gefälligst wieder sauber machen sollte*, während unser Gastgeber ihm sichtlich zufrieden zweihundert Mark überreichte.

Von den dreißig Prozent, die wir ursprünglich vereinbart hatten, habe ich an diesem Tag nichts gesehen.

Als ich abends in meinem Bett lag, schossen mir tausend Gedanken durch den Kopf.

Zum ersten Mal seit langer Zeit haderte ich mit meinem Schicksal.

Sollte so mein Leben aussehen?

Mich von irgendwelchen alten, reichen Säcken nach Lust und Laune benutzen zu lassen und dafür nicht einmal bezahlt werden? Ein Dasein in ständiger Demütigung zu führen, in dem mein Körper nichts weiter als ein Werkzeug ist, um anderer Menschen Fantasien zu erfüllen?

Berechtigte Fragen.

Doch dem stand der unerbittliche Drang entgegen, E. unbedingt zufriedenzustellen. Das Bedürfnis, ihm jeden Wunsch von den Augen abzulesen und ihn unter keinen Umständen zu enttäuschen.

In diesem kurzen Moment des *in mich Gehens* hatte ich den fundamentalen Makel meiner Existenz offengelegt: Den Widerspruch zwischen Vernunft und Trieb, zwischen der Angst vor Verlust und dem Verlust meiner Würde.

Ich musste also eine Entscheidung treffen.

Jene Entscheidung, die mein Schicksal fortan bestimmen würde.

***

Doch es dauerte nicht lange, bis diese Gedanken wieder verflogen waren.

Denn E., mein Meister, schwebte gottgleich über mir und gebot über jede einzelne Facette meines Lebens.

Ich hatte mich längst daran gewöhnt, jeden seiner Wünsche dankbar abzuwinken, selbst wenn er mich noch weiter an meine Grenzen brachte.

Und so folgte bald darauf ein Ereignis, dass besonders einschneidend war.

E. hatte erneut ein Treffen vereinbart und ich ging davon aus, dass es sich um einen der üblichen Kunden handelte, der mich einfach nur ficken wollte.

Bisher waren diese Jobs, entgegen meinen anfänglichen Befürchtungen, relativ harmlos verlaufen. Die meisten Kunden waren entweder selbst schwul, bisexuell und teilweise sogar Heteros, die einfach etwas Neues ausprobieren wollten.

Kurz gesagt, nichts Außergewöhnliches.

Ich wurde zwar regelmäßig dabei gefesselt, geknebelt und dann und wann auch mal gezüchtigt, doch es war stets im Rahmen des Erträglichen geblieben.

Manchmal hatte ich sogar Spaß dabei gehabt.

Bei diesem Treffen jedoch sollte ich auf einen Kunden treffen, der ein anderes Kaliber war.

Ich wusste zu diesem Zeitpunkt noch nicht, dass E. auch andere Neigungsgenossen zu Meistern ausbildete.

Selbstverständlich gegen Bezahlung.

Offenbar verfügte er über mehrere Möglichkeiten, sich etwas nebenbei zu verdienen.

Und ein Auszubildender benötigt natürlich neben der fachlichen Anleitung auch ein entsprechendes *Trainingsobjekt.*

Und die Rolle dieses Trainingsobjekts war an diesem Tag mir zugedacht.

Wir fuhren also an einem Sonntagnachmittag in die Wohnung von einem seiner Aspiranten, der in einem abgerissenen Viertel unserer Heimatstadt lebte.

Als E.´s Schüler uns die Tür öffnete, war ich zunächst etwas geschockt.

Mir gegenüber stand ein Riesenkerl.

Obwohl er etwas dünn war, assoziierte ich seine Körpergröße augenblicklich mit einem großen Schwanz und war dementsprechend eingeschüchtert.

Doch ich wusste, dass eine Weigerung keine Option war und so spielte ich das Spiel auch dieses Mal bereitwillig mit.

Während ich mich wortlos auszog, baute mein Meister seinen transportablen Bondagerahmen in der Mitte des Wohnzimmers auf, an den ich kurz darauf gefesselt wurde. Der Unterschied zu früheren Fesselungen bestand darin, dass ich meine Arme und Beine weit von mir strecken musste und in dieser Position fixiert wurde.

Durch diese stramme Fesselung war ich vollkommen bewegungsunfähig, während Rücken, Hintern und meine

Genitalien perfekt entblößt waren.

Die Lehrstunde begann mit dem Auspeitschen mittels einer mehrschwänzigen Peitsche.

Mein Meister erklärte seinem Lehrling, wie man das Teil richtig benutzt, vor allem aber, in welchen Körperregionen es am besten zur Anwendung gebracht wird. Er betonte energisch, dass die Nierenregion unbedingt zu meiden wäre, da dies ernsthafte gesundheitliche Schäden nach sich ziehen konnte.

Der Schüler nickte lediglich stumm und hatte offenbar verstanden.

Dann demonstrierte E. gekonnt die Steigerung von Sanftheit bis hin zu etwas strengeren Züchtigung.

Es war äußerst erregend.

Als er damit fertig war, übergab er die Peitsche.

Der eher grobschlächtige Typ hatte sich offenbar nicht besonders gut unter Kontrolle oder wollte sich vielmehr gar nicht unter Kontrolle haben und begann sofort inbrünstig auf mich einzudreschen.

Die Schmerzen waren grenzwertig.

Das Brennen, das sich auf meinem Rücken und meinem Hintern immer mehr aufschaukelte, gab mir das Gefühl, dass die entsprechenden Regionen längst eine offen Wunde waren. Vor meinem inneren Auge begann Blut aus unzähligen Wunden zu quellen.

Ich schrie wie am Spieß.

Erst jetzt wurde mir gewahr, dass ich in dieser Position nicht das vereinbarte Klopfzeichen vollführen konnte.

Ich war vollkommen ausgeliefert. Und der unbändige Schmerz war nun mein einziger Begleiter.

Da ich derart laut brüllte, dass wir Gefahr liefen, die gesamte Nachbarschaft aufzuscheuchen, wurde mir kurzerhand ein Knebel in den Mund gesteckt, der meine Schreie augenblicklich erstickte.

Dann ging die Kanonade an Schlägen unvermindert weiter.

Wehrlos, bewegungslos und stumm wie ein Fisch, ließ ich alles über mich gehen.

Als es endlich vorbei war, wandten sich die beiden meinen Genitalien zu.

Es mag in Anbetracht dieser Behandlung absurd erscheinen, doch ich hatte dennoch eine heftige Erektion, die, nachdem sich mein Meister kurz daran zu schaffen gemacht hatte, sich noch weiter steigerte.

Ganz im Gegensatz zu seiner brachialen Behandlung zuvor ging der Schüler dann etwas sanfter vor.

Vielleicht auch darum, weil ihn mein Meister immer wieder auf die Gefahr hinwies, dass das Verwirbeln der Peitschenschwänze auf dem Penisschaft äußerst gefährlich sein konnte und er die Lektion augenblicklich beenden würde, sollte ich verletzt werden.

Und der Schüler schien dieses Mal tatsächlich verstanden zu haben.

Das Spiel wurde dann tatsächlich etwas angenehmer, sodass die Schmerzen von vorhin beinahe wieder vergessen waren.

Meine Selbstbeherrschung wich langsam, aber unaufhaltsam von mir und das Ziehen in meinen Lenden wurde langsam unerträglich.

Ich betete um einen Orgasmus.

Doch er sollte mir dieses Mal verwehrt bleiben.

Denn kurz bevor ich kam, stoppten sie abrupt und ließen mich eine ganze Weile einfach dastehen, bis der herannahende Höhepunkt wieder verflogen war.

Dann ging mein Meister daran, den Aspiranten in eine Methode zu unterweisen, bei der mein Sperma entnommen werden konnte, ohne dass ich dabei einen Orgasmus hatte.

Dazu führte er den Mittelfinger tief in meinen Hintern ein und begann meine Prostata zu massieren. Bei richtiger Anwendung beginnt nach einer Weile das Sperma wie von selbst abzufließen, ohne dass man dabei die Befriedigung eines echten Höhepunkts erfährt.

Diese Art der Cum-Control war ein scheiß Spiel, da es einen vollkommen ausgelaugt, aber ebenso unbefriedigt zurückließ. Gerade in meinem damaligen Alter, wenn der Körper unablässig voll von Testosteron war, brachte einen diese Form der Behandlung dem Durchdrehen gefährlich nahe.

Doch das war letztendlich auch der Sinn der Sache.

Zumindest aus der Sicht meines Meisters.

Als dann der Schüler daran ging, die Sache zu vollenden, war er nicht gerade zimperlich. Denn im Gegensatz zu meinem Meister, der natürlich entsprechend versiert in dieser Methode war, ging es ihm scheinbar ausschließlich nur darum, mir wehzutun.

Und so fackelte er nicht lange und schob mir nicht einen, sondern drei, vielleicht auch vier Finger rein.

E. nahm mein ersticktes Wimmern wohlwollend zur Kenntnis und ließ den Neuling weiter gewähren.

Und während dieser mich beinahe fistete, holte er sich lautstark einen runter, um mir dann alles auf meinen wunden Hintern zu spritzen.

Als ich schließlich wieder losgebunden wurde, sackte ich vollständig abgemolken, erschöpft aber ebenso unbefriedigt auf den Boden nieder.

Ich war stinksauer.

Ich kochte innerlich.

Meister und Schüler jedoch nahmen meinen Groll in keiner Weise zur Kenntnis.

Denn während ich mich wieder ankleidete, Hemd und Hose vorsichtig wieder über das Brennen an meinem Hintern und Rücken zog, hörte ich, wie E. ein erneutes Treffen vereinbarte.

»Denn wer ein guter Meister werden will, der braucht einen willigen Sklaven, an dem er üben kann! Und den hab ich ja jetzt für Dich!«, hallt es noch heute in mir nach.

Den habe ich ja jetzt für Dich!

Ich war nun endgültig ein Objekt.

Ein Ding, mit dem man tun und lassen konnte, was man wollte.

***

Nach nur kurzer Zeit hatte E. aus unserer Zusammenarbeit ein richtiges Geschäftsmodell geformt.

Meine bedingungslose Hörigkeit ihm gegenüber bildete das Fundament, während der Umstand, dass es so gut wie nichts gab, das ich nicht mitmachte, das gewinnbringende Gebäude darauf war.

Und so dauerte es nicht lange, bis dieses *Business* regelrecht zu florieren begann.

Während die meisten Stricher üblicherweise an die dreihundertfünfzig Mark pro Tage verdienten, nahmen wir siebenhundert.

Natürlich war mit wir er gemeint, denn nach wie vor sah ich keinen Pfennig von unseren Einnahmen – ein kleines Taschengeld, das er mir dann und wann zukommen ließ, ausgenommen.

Diese Preispolitik hatte zur Folge, dass sich unser Kundenstamm vorwiegend aus Männern der oberen Einkommensklasse zusammensetzte.

Nicht unbedingt jene, die man zu den sogenannten oberen Zehntausend zählte, denn diese hatten zumeist andere, weitaus krankere Vorlieben (wie ich durch meine Erlebnisse im Kinderheim bereits schmerzvoll erfahren musste), nein, es waren gut situierte Männer, die eben jene Vorlieben hatten, die ich durch E.´s Ausbildung zufriedenstellen konnte.

Und so rechtfertigte dieser Umstand, dass unser Angebot eben über stinknormale Arschficks und Blowjobs hinausging, aus seiner Sicht diesen *Mehrwert.*

Ich unterlag also wieder einmal dem Gesetz von Angebot und Nachfrage.

Und Nachfrage gab es reichlich.

Wenn es möglich war, vermietete mein Meister mich gleich über ein ganzes Wochenende. So gab es unter Umständen gleich zweitausend Mark auf einen Streich.

Natürlich war das nicht an jedem Wochenende der Fall.

Er gestand mir zumindest die Zeit zu, mich nach besonders anstrengenden Kundenterminen erholen zu können.

Eines dieser Wochenenden ist mir besonders gut in Erinnerung geblieben.

Mit der Ausrede, dass ich bei einem Freund übernachten würde, hatte ich mir bei meinen Eltern wieder einmal die nötige Rechtfertigung verschafft, etwas länger wegzubleiben.

Ich hatte, was das Lügen anbelangte, bereits eine gewisse Routine entwickelt, sodass sie nicht ansatzweise ahnten, was ich in dieser Zeit trieb. Da ich ansonsten ein recht stiller und braver Junge war, über den es nie Klagen gab, war diese Täuschung auch nicht besonders schwierig.

Aus heutiger Sicht bedauere ich, wie ich mich damals verhalten habe.

Es kommt mir inzwischen sogar wie Verrat vor.

Verrat an jenen Menschen, die mir als einzige nie etwas Böses getan hatten. Sie über so lange Zeit hinweg belogen zu haben, liegt mir noch immer schwer auf der Seele.

Doch meine Abhängigkeit von E. war eben stärker.

Und das erste Opfer derartiger Verhaltensweisen ist eben der Verlust jedweder Vernunft.

Doch zurück zu besagtem Wochenende.

Mein Meister brachte mich zu Beginn in einen kleinen Park, der unmittelbar neben einem recht bekannten deutschen Fluss lag.

Der Winter neigte sich gerade seinem Ende zu und aufgrund der kühlen Temperaturen war die Anlage nur schlecht besucht, was ich an diesem Tag durchaus als glücklichen Zufall empfand.

Denn auf sein Geheiß trug ich ein schmales Lederhalsband, an der ein kleiner Ring befestigt war.

Quasi ein Hundehalsband.

Kaum dass wir losgingen, hakte er eine Hundeleine daran ein und begann mich quasi damit Gassi zu führen.

Niemals zuvor war mir etwas peinlicher gewesen.

Ich sah mich immer wieder nervös um, ganz der Furcht erlegen, irgendwelche Passanten könnten plötzlich unseren Weg kreuzen und ganz unvermindert auf dieses groteske Schauspiel treffen.

Als wir etwa hundert Meter zurückgelegt hatten, erblickte ich unweit von uns einen Mann, der auf einer Parkbank saß.

Ich wurde langsam panisch und drängte meinen Meister, mich schnell wieder loszumachen. Sich wie ein Hund an einer Leine durch die Öffentlichkeit führen zu lassen, überstieg sogar meine Peinlichkeitsschwelle.

Doch er ignorierte mich, ging schnurstracks auf die Bank zu und übergab dem Mann das Ende der Leine.

Dieser erhob sich, musterte mich sogleich von oben bis unten und sagte schließlich mit tiefer Stimme: »Du bist also Pussyboy!«

Es fiel mir wie Schuppen von den Augen.

Ich sah mich einem weiteren Kunden gegenüber. Und diese entwürdigende Szenerie war lediglich das Vorspiel gewesen.

Ich warf einen flüchtigen Blick auf mein Gegenüber.

Der Typ war über 1.90 groß, muskelbepackt und hatte Hände so groß wie Gullydeckel. In seiner Gesamtheit war er schlichtweg furchterregend. Ich sah mich entweder einem Bodybuilder oder irgendeiner anderen Art von Kraftsportler gegenüber, der durchaus in der Lage schien, mir mit einem einzigen Handgriff das Genick brechen zu können.

Und diesem fleischgewordenen Menschen sollte ich also an diesem Wochenende zu Diensten sein.

Mir lief es kalt den Rücken hinunter.

Obwohl er mich direkt angesprochen hatte, antwortete ich nicht, sondern quittierte seine Frage nur mit einem kurzen, furchtsamen Nicken.

Der Hüne nahm meine Reaktion mit einem zynischen Grinsen zur Kenntnis.

Offenbar war er mit der Wirkung, die er auf mich schmächtigen Jungen hatte, äußerst zufrieden.

Dann beförderte er zwei Armmanschetten aus seiner Gesäßtasche und fixierte damit meine Arme an meinem Rücken. Ich stand also da, wie ein Sträfling, der gerade im Begriff war, an einer Hundeleine vor den Richter geführt zu werden.

Ich wäre am liebsten im Erdboden versunken.

Dann marschierten wir los und erreichten nach kurzer Gehstrecke das Auto des Kunden, wo ich auf die Rückbank verladen wurde.

In seiner Wohnung angekommen, die nebenbei bemerkt eindrucksvoll groß und luxuriös war, erhielt mein Meister eine ausgiebige Führung, bei der ich gehorsam hinterherdackelte.

Höhepunkt dieser Exkursion war das Spielzimmer des Kunden, das mich ein wenig an eine mittelalterliche Folterkammer erinnerte.

Es war alles nur Erdenkliche, in allen nur möglichen Variationen darin zu finden. Handmanschetten, die an

Ketten von der Decke hingen, ein großes Sortiment an Peitschen und Floggern und die größte Sammlung an die Dildos, die mir je unter die Augen gekommen war, wobei die Größen von niedlich winzig bis hin zu jener eines Unterarms reichten.

Ich schluckte leise.

Schon der bloße Gedanke daran, eines dieser monströsen Dinger in den Hintern zu bekommen, ließ mich erschaudern.

Im Zentrum der Kammer stand ein großes Andreaskreuz, das an den jeweiligen Enden mit entsprechenden Manschetten versehen waren.

Ich war geschockt und fasziniert zugleich, behielt aber beides tunlichst für mich.

Der Rundgang endete schließlich im Schlafzimmer, wo neben einem großen Doppelbett ein Käfig (etwa zwei Meter lang, einen Meter breit und einen Meter hoch) platziert war.

»Warum bist du eigentlich noch nicht ausgezogen?«, fragte mich der Kunde harsch, während ich noch damit beschäftigt war, das metallene Gefängnis näher in Augenschein zu nehmen.

Ich zuckte mit den Schultern. »Meine Hände sind noch gefesselt!«

Diese dreiste Antwort war Anlass genug, mir sofort den Mund mit Klebeband zuzukleben.

Der Hüne langte in meine Hose, erfasst meine Hoden und quetschte sie mit aller Kraft zusammen. Ich krümmte mich vor Schmerzen zusammen und stieß einen erstickten Schrei aus.

Nachdem er mich ausgiebig zurechtgewiesen hatte, zog

er seine Hand mit den Worten »Wenn meine Finger jetzt nach Pisse riechen, wirst Du richtig hart bestraft!« wieder zurück.

Was dieser Typ unter harter Bestrafung verstand, überlasse ich an dieser Stelle ihrer Fantasie.

Doch ich hatte Glück.

Oder vielmehr ein hohes Maß an Selbstkontrolle, welches mir das bisherige Training angedeihen hatte lassen.

Er nickte zufrieden. »Gut, dann gehen wir frühstücken!«

Mein Meister machte mich los, ich wurde erneut aufgefordert, mich gefälligst auszuziehen und mich auf einem kleinen Tisch zu setzen, der neben dem großen Esstisch stand.

Ich war also wie von selbst in die Rolle des ungehorsamen Balgs versetzt worden, das am Kindertisch hatte Platz nehmen müssen.

Kurz darauf tischte der Kunde ein recht üppiges Frühstück auf.

Es gab gebratene Eier, Speck, frisches Obst und Toast.

Doch nicht für mich.

Ich musste mich mit Haferflocken, die mit Milch und einer ordentlichen Portion Salz gewürzt waren, zufriedengeben.

»Iss alles auf, sonst hältst Du die nächsten Tage nicht durch, Pussy!«, sagte er verächtlich.

Er spie das Wort *Pussy* förmlich heraus.

Auch diese neuerliche Drohung verfehlte ihre Wirkung nicht. Ich nickte nur stumm und schlang die übelschmeckende Pampe würgend hinunter.

E. beachtete mich während der gesamten Zeit über

kaum. Er schien derart fasziniert von der rohen Dominanz des Mannes zu sein, dass ich für ihn längst aufgehört hatte zu existieren.

Ich kam nicht umhin festzustellen, dass mich das eifersüchtig machte.

Es war stets dasselbe Spiel.

Kamen attraktive, gut gebaute Männer ins Spiel, verschwand ich in den Gefilden absoluter Bedeutungslosigkeit, all meinen Bestrebungen, ein guter Sklave zu sein, zum Trotz.

Als wir fertig waren, wurde mir befohlen, den Tisch abzuräumen und das Geschirr zu spülen.

Um die Aufgabe ein wenig zu erschweren, musste ich währenddessen ein schweres Buch auf meinem Kopf balancieren, was ich eigentlich recht gut hinbekam.

Doch in einem Moment der Unaufmerksamkeit fiel die Schwarte samt einem Teller krachend zu Boden.

Es dauerte nicht lange, bis mein Meister und sein neues Objekt der Anbetung in der Tür erschienen.

»Jetzt komm mal mit!«, sagte der Kunde erstaunlich ruhig, packte mich und schleifte mich in die Folterkammer, wo ich bäuchlings am Andreaskreuz festgemacht wurde.

Ich war eigentlich viel zu klein für diese Konstruktion, was zur Folge hatte, dass er wie wild an meinen Armen zerren musste, um mich in die Handmanschetten zu zwingen.

So hing ich schließlich da wie ein Gekreuzigter, während sich die metallenen Manschetten langsam und unaufhaltsam in das Fleisch an meinen Handgelenken fraßen.

Dann wurde mir ein dünner Rohrstock vor die Nase gehalten.

»Wenn man Teller kaputtmacht, setzt es Schläge!«, wurde mir in ernstem Tenor mitgeteilt. »Und du wirst jeden Schlag mitzählen und dich dafür artig bedanken, Pussy! Verstanden?«

Ich war nicht mehr imstande gewesen zu nicken.

Es war auch gar nicht notwendig.

Der Hüne trat hinter mich und begann mir auf den Hintern zu schlagen. Immer wieder auf die gleiche Stelle. Die Hiebe waren zwar nicht besonders stark, doch die Präzision, mit der er den Stock auf mich herabsausen ließ, hatte eine Effizienz, die selbst E. in den Schatten stellte. Erst nachdem er mehrere Schläge auf die gleiche Stelle ausgeführt hatte, wechselte er die Stelle an meinem Hintern und begann wieder von vorne.

Es dauerte nicht lange, bis mein Gesäß glühte, so als würde es über eine heiße Herdplatte gehalten werden.

Artig wie ich war, begleitete ich jeden Schlag mit den Worten »Eins, danke Herr! Zwei, danke Herr!«. Und so weiter.

Bei etwa fünfzig Schlägen war er endlich durch.

Während ich zu Beginn noch jeden einzelnen Hieb wahrgenommen hatte, spürte ich inzwischen nur mehr einheitlich starkes Brennen, das sich über meinen gesamten Hintern zog.

Die ersten Tränen stiegen mir in die Augen.

E.´s Training hatte mich zwar entsprechend auf Situationen wie diese vorbereitet, doch nicht auf derartige Psychos mit der Kraft eines ausgewachsenen Bären.

Dann sah ich aus den Augenwinkeln heraus, wie der Typ von der Seite an mich herantrat und seinen Schwanz auspackte.

Es war genau wie ich befürchtet hatte. Niemals zuvor in meinem Leben, ausgenommen in Pornofilmen, hatte ich derart riesiges Teil, einen derart gewaltigen Rüssel gesehen. Hart wie ein Brett und steil aufragend stand er dem Kraftpaket vom Körper und war bereit, mir den Rest zu geben.

Der monströse Dildo, der irgendwo hinter mir an der Wand hing, kam mir wieder in den Sinn.

Schon der bloße Anblick sorgte dafür, dass ich leise zu weinen begann.

Meine Wimmern jedoch beeindruckte keinen der Anwesenden und so schob er mir das Teil, nachdem er meinen Anus mit einer großen Menge Vaseline versehen hatte, mit einem Ruck bis hinauf in meinen Darm.

Zumindest fühlte es sich so an.

Es war extrem schmerzhaft.

Nicht weil der Schaft auch einen ordentlichen Umfang hatte – mein Anus war ja durch das Training gut vorbereitet gewesen – sondern weil jedes tiefe Eindringen durch ein dumpfes Ziehen begleitet wurde, das mir wie ein Stromschlag durch den Unterleib fuhr.

Darüber hinaus verfügte er über eine entsprechende Ausdauer.

Wieder und immer wieder hämmerte seine Leiste gegen meinen wunden Hintern. Schlag folgte auf Schlag und dazwischen dieses heiße Brennen, das er noch verstärkte, indem er seine schweißnassen Hände auf meine Pobacken presste.

Ich hatte das Gefühl, bei jedem Stoß einer herannahenden Ohnmacht näher zu kommen.

Mein Meister trat für einen kurzen Moment neben mich und musterte mich mit prüfenden Blicken.

Dann verschwand er wieder.

Er wusste, da ich noch nicht gekotzt hatte, dass meine Schmerzgrenze noch nicht erreicht war.

Und so fickte mich mein Hintermann munter weiter, bis er sich schließlich unter einem lauten Stöhnen auf meinen Hintern erleichterte.

Als er dann endlich von mir ließ, hatte ich zumindest die Zeit, ein wenig durchzuatmen.

Meine Tränen, die die gesamte Zeit über in Strömen geflossen waren, hatten mir inzwischen meine Augen in einem Ausmaß verklebt, dass ich kaum noch imstande war, sie zu öffnen.

»Du bist dran!«, forderte der Kunde meinen Meister auf.

E. ließ sich nicht lange bitten und fickte mich nun seinerseits durch.

Doch nach diesem Monsterschwanz fühlte sich sein kleines Teil recht harmlos an. So als ob man eine Banane in einen Turnsaal werfen würde. Nur die Schläge gegen meinen Hintern waren so schmerzhaft wie zuvor.

Als er dann auch endlich fertig war, wartete ich ganz der irrigen Annahme erlegen, man würde mich nun endlich losbinden. Ich beschloss mich zusammenzunehmen und auch noch diese letzten Minuten ohne großes Aufsehen durchzustehen, selbst als die Manschetten an meinen Handgelenken und Knöcheln mir langsam das Blut abschnürten.

Doch stattdessen wurden mir meine klebrigen Augen

verbunden.

»Wir kommen gleich zurück!«, hörte ich kurz darauf.

Noch bevor ich etwas darauf erwidern konnte, wurde mir ein Kopfhörer aufgesetzt.

So hing ich nun da, taub, blind und bewegungsunfähig. Hinabgestoßen in ein Dasein, indem sämtliche äußeren Reize ausgesperrt worden waren. Innerhalb dieses Konstrukts aus geknebelten Sinnen existierten nur mehr der Schmerz und meine rotierenden Gedanken, in deren Mittelpunkt nur eine einzige Frage stand: Wie lange noch?

Ich kann heute nicht mehr sagen, wie lange ich tatsächlich dort gehangen habe.

Unter derartigen Umständen wird jeder Zeitbegriff bedeutungslos.

Vielleicht war es nur eine Stunde, vielleicht sind es aber auch mehrere gewesen. Doch ich weiß noch allzu gut, dass mir durch diese aufgezwungene Position das Atmen zusehends schwerer fiel. Neben der Ungewissheit stahl sich jetzt auch noch Panik in mein Inneres. Panik davor zu ersticken.

Als ich dann endlich losgebunden wurde, war ich nicht mehr in der Lage gewesen zu stehen.

Kaum hatte sich die letzte Fessel gelöst, sank ich keuchend auf den Boden, wo ich eine Zeit lang liegen blieb.

Entgegen all meinen Erwartungen gestattete man mir tatsächlich, mich eine Weile auszuruhen.

Und glücklicherweise gab es wenig später Mittagessen.

Wieder Haferflocken mit Milch und Salz.

Wieder diese ekelhafte Pampe, die einem den Brechreiz in den Körper trieb.

Doch in Anbetracht meines Zustandes war mir das auch egal. Ich war dankbar, wenigstens etwas zwischen die Zähne zu bekommen.

Selbst als man mir verweigerte, am Kindertisch zu essen, tangierte mich das kaum mehr.

Stattdessen brachten mein Meister und sein Kunde eine Matratze in die Folterkammer, auf der ich die Schüssel mit dem ekelhaften Brei schließlich gierig in mich hineinschlang.

Währenddessen gönnten sich die beiden in der Küche ein herzhaftes Gulasch (oder etwas Ähnliches), dessen Duft aufdringlich zu mir herüberdrang und mich beinahe um den Verstand brachte.

Doch zumindest wurde ich satt und kam wieder einigermaßen zu Kräften.

Kräfte, die ich noch brauchen würde.

Denn ich hatte nicht damit gerechnet, dass die Ereignisse am Vormittag nur der Prolog für etwas weitaus Übleres gewesen waren.

Kaum, dass ich wieder gerade stehen konnte, fixierten mich die beiden bäuchlings an Händen und Beinen auf einer Liege, die unweit des Andreaskreuzes in der Folterkammer stand.

»Gut, jetzt wird Pussy mal so richtig abgemolken!«, höhnte der Riese hinter mir.

Ich war zwiegespalten. Zum einen hieß abmelken, dass ich tatsächlich die Aussicht auf einen Orgasmus haben durfte, was jedoch im vollkommenen Widerspruch zu all dem stand, was ich am Vormittag über mich hatte ergehen lassen müssen.

Psycho wirkte keinesfalls wie jemand, dem besonders viel daran lag, andere zufriedenstellen zu wollen.

Und natürlich kam es anders, als ich mir erhofft hatte.

Der Große fasste mir von der Seite zwischen die Beine und begann mit wenig Druck, jedoch hoher Geschwindigkeit, meinen Schwanz zu wichsen. Gleichzeitig drang mein Meister mit zwei Finger in mich ein und massierte ganz langsam meine Prostata.

Der Schmerz der letzten Stunden war in diesem Moment wie weggefegt.

Ich gab mich ganz diesen Augenblick hin und genoss diese doppelte Aufmerksamkeit, was schnell dazu führte, dass ich einen heftigen Orgasmus bekam.

Doch meine anfängliche Glückseligkeit wich schnell meiner Befürchtung von vorhin.

Man hatte tatsächlich etwas anderes mit mir vor.

Denn obwohl ich bereits auf dem Höhepunkt gewesen war, hörten sie nicht auf.

Ich wurde weiter massiert, während flinke Hände sich unermüdlich an meinem Penis zu schaffen machten.

Jeder Mann kennt das Gefühl, wenn man nach einem Orgasmus in ein Stadium vollkommener Erschöpfung fällt. Man nennt dieses Ereignis nicht umsonst den *kleinen Tod.* Und es fühlt sich extrem unangenehm an, wenn die Stimulation dann weiter fortgeführt wird.

Stumpf und gefühllos, beinahe schmerzhaft.

Es dauerte eine ganze Stunde, bis ich erneut kam.

Und auch dann ließen sie nicht von mir ab.

Sie machten einfach weiter, offenbar bestrebt, mich auf diese Weise vollkommen fertigzumachen.

Als Psycho schließlich müde wurde, wechselten sie sich einfach ab und mein Meister übernahm.

Nach und nach wurde das Ganze zur Tortur. Zu einem steten Kampf um den nächsten Höhepunkt, aus dem es kein Entkommen gab.

Mein Körper sträubte sich mit jeder Faser, gab jedoch stets dem unerbittlichen Drängen meiner Peiniger aufs Neue nach.

Ich flehte sie an, endlich aufzuhören, doch meine Rufe blieben ungehört.

So ging das über Stunden.

Als ich zum fünften Mal gekommen war und sie auch noch den letzten Tropfen aus mir herausgewürgt hatten, ließen sie endlich von mir ab. Zum einen waren sie wohl inzwischen zu erschöpft, um weiterzumachen, zum anderen hatten sie wohl bekommen, was sie gewollt hatten.

Als man mich losband, war ich nicht mehr imstande, mich zu bewegen.

Ich sackte zusammen und blieb eine ganze Weile einfach auf dem Boden liegen.

Alles um mich herum war hinter einem trüben Schleier verschwunden, der sich wie Nebel über meine Sinne gelegt hatte.

Ich fühlte mich, als hätte ich tagelang nicht geschlafen.

Als ich schließlich wieder in der Lage war, zumindest den Kopf zu heben, warf ich einen kurzen Blick in den Spiegel, der die gesamte Wand unmittelbar vor mir einnahm.

Der Anblick war grauenvoll.

Dunkle Ringe hatten sich unter meine Augen gestohlen. Ich war kreidebleich, blutleer, wie ein Sterbender, der in seinen letzten Atemzügen lag.

Erst als der Abend heraufdämmerte, war ich wieder imstande aufzustehen, sodass ich mich auf wackeligen Beinen in die Küche bewegen konnte.

Ich war am Verhungern.

Dort angekommen wurde ich, entgegen all meinen Erwartungen sogar belohnt.

Ich bekam *normales* Essen!

Fleisch, Kartoffeln, Gemüse und etwas Süßes. Nicht mehr diese salzige Pampe, bei der sich einem schon beim bloßen Gedanken daran der Magen umdrehte.

Nachdem ich alles gierig hinuntergeschlungen hatte, teilte man mir mit, dass nun Schlafenszeit wäre.

Ich wurde ins Schlafzimmer geführt, wo sie inzwischen eine Matratze in diesen winzigen Käfig gequetscht hatten.

Dann musste ich mich durch die schmale Tür an der Vorderseite in das Innere zwängen, wo ich mich sofort zusammenkrümmte, als ob ich die Welt dort draußen einfach hinter die Mauer meines Rückens verbannen wollte.

Bevor es dunkel wurde, öffnete sich die Käfigtür noch einmal und mein Meister schob einen Hundenapf voll Wasser zu mir herein.

»Gute Nacht, kleines Äffchen!«, flüsterte er mir süffisant zu, bevor er sich auf dem großen, bequemen Doppelbett niederließ. »Schlaf gut!«

Doch erwartungsgemäß fand ich in dieser Nacht kaum Schlaf.

Es waren weniger die noch verbliebenen Schmerzen, die mich wachhielten und auch nicht meine mehr als beengte Schlafstatt. Vielmehr waren es die unzähligen

Flashbacks der vorangegangenen Ereignisse, die in regelmäßigen Abständen wie eine Sturmflut auf mich hereinstürzten.

Ich war vollkommen überreizt; oder einfacher ausgedrückt: Ich war auch psychisch vollkommen am Ende.

Und es gab noch etwas, das mich wachhielt: Die Angst vor dem nächsten Tag.

***

Es war Sonntag geworden.

Nachdem ich irgendwann vor Erschöpfung doch noch eingeschlafen war, holte man mich am späten Vormittag wieder aus meinem Käfig.

Überraschenderweise gab es auch für mich *normales* Frühstück.

Vermutlich weil sie befürchteten, dass mich die nächste salzige Haferbreiportion vollkommen entkräften konnte. Vielleicht aber auch, um mich schnellstmöglich wieder aufzupeppen, denn ich musste in absehbarer Zeit wieder zurück zu meinen Eltern und diese sollten mir selbstverständlich nichts anmerken können.

Obwohl alles auf dem Teller vor mir wunderbar aussah und roch, bekam ich kaum einen Bissen hinunter.

Mein Hunger war inzwischen ebenso verflogen, wie das letzte Quäntchen Widerstandskraft, das ich irgendwann noch in mir gehabt hatte.

Sogar der Weg in die Küche war aufgrund meiner Verfassung bereits zu weit gewesen.

Doch um weiteren Bestrafungen zu entgehen, schlang

ich alles, ohne wenig zu kauen hinunter.

Kaum war ich fertig, wurde ich in das große Wohnzimmer gebracht und dort auf allen vieren auf den Couchtisch platziert.

Der letzte Akt dieses Wochenendes bestand darin, dass sie mich abwechselnd gefickt haben. Während der eine sich an meinem Hintern zu schaffen machte, befriedigte ich gleichzeitig den anderen oral.

Im Vergleich zum Vortag mutete dieser Dreier eigentlich harmlos an, obwohl ich nur mehr wenig Kraft hatte gegenzuhalten, geschweige denn einen ordentlichen Blowjob durchzuführen.

Abgesehen davon haben Blowjobs mich seit jeher abgestoßen, was auf meine frühen Erfahrungen aus dem Kinderheim zurückzuführen war. Es gelang mir stets nur mit Mühe, jeden aufkommenden Würgereflex zu unterdrücken.

Da das Wochenende offenbar sowohl bei meinem Meister wie auch beim Kunden inzwischen Spuren hinterlassen hatte, war die ganze Sache gottlob nur von kurzer Dauer.

Und so gingen wir, sobald es beendet war, wieder unserer Wege.

Ich musste auch nicht mehr an der Leine gehen, wie noch tags zuvor. Ich schritt wie ein normaler Mensch durch diese nichts ahnende Welt dort draußen; vorbei an zahllosen namenlosen Gesichtern, die mir vermutlich gar nicht angesehen hatten, wie ich die letzten achtundvierzig Stunden meines Lebens verbracht hatte.

Ich fuhr noch mit meinem Meister zu ihm nach Hause,

wo ich mich bis Montag erholen sollte – bevor unser bürgerliches Scheinleben wieder beginnen konnte.

Während der gesamten Zeit sprach ich kaum ein Wort.

Und auch mein Meister machte keinerlei Anstalten, irgendein Gespräch zu suchen.

Wir lagen einfach nur da und gaben uns schweigend unserem Ruhebedürfnis hin.

Und was Psycho den sadistischen Hünen, den Peiniger dieses letzten Wochenendes anbelangte: Nun, es war leider nicht das letzte Mal gewesen, dass ich auf ihn getroffen bin.

Natürlich war mir das zu diesem Zeitpunkt noch nicht bewusst.

Und es scherte mich auch recht wenig.

Ich war einfach froh, dass es vorbei war.

Rückwirkend betrachtet hätte es vielleicht auch schlimmer kommen können.

Denn es gab in weiterer Folge in meinem Leben Ereignisse, die weitaus schlimmer und entwürdigender gewesen waren, als es die Fantasien dieses vermeintlichen Soziopathen jemals hatten sein können.

Und dennoch blieb er mir nach diesem ersten Treffen lange in Erinnerung.

Vielleicht weil er sinnbildlich dafür stand, was unter der glänzenden Fassade der sogenannten gutbürgerlichen Gesellschaft alles lauern konnte.

Einiges davon bekommen sie noch zu lesen.

Doch nicht alles.

Es gibt Dinge, die ich Menschen einfach nicht zumuten will.

Selbst dann nicht, wenn sie mir unbekannt sind.

Einige Zeit später, gerade als die Routine wieder Einzug in unseren Tagesablauf gehalten hatte und meine Wunden weitgehend geheilt waren, wurde ich kurzfristig einem anderen Gesellen innerhalb des Betriebes zugeteilt.

Ich wunderte mich nicht weiter darüber. E. hatte ja keineswegs ein Monopol auf mich als Lehrling.

Ich ging also in dessen Bereich der Werkstatt, wo er mich mit den Worten in Empfang nahm, dass er mit mir reden müsse.

Sein Tonfall war derart schroff, dass ich mir sofort dachte, ich hätte mir in den letzten Tagen oder Wochen etwas zuschulden kommen lassen und wäre daher gewissermaßen strafversetzt geworden.

Darüber hinaus hatte ich den anderen Gesellen eigentlich als durchaus angenehmen Zeitgenossen in Erinnerung. Er war etwas älter als E., in beruflicher Hinsicht weitaus erfahrener und galt eigentlich als Koryphäe und Ruhepol der Werkstatt.

An diesem Tag jedoch lernte ich eine andere Seite an ihm kennen.

Denn vollkommen überraschend konfrontierte er mich mit der Frage, ob zwischen E. und mir etwas lief.

Ich war derart erstaunt darüber, dass ich zunächst nur sprachlos dastand, ihn verdutzt ansah und mich außerstande sah, darauf zu antworten.

Als er meine Reaktion bemerkte, hakte er sofort nach.

Ich sollte E. *gefälligst nicht unentwegt anbaggern und ihn in Ruhe lassen, da dieser schließlich ein verheirateter Mann und Familienvater sei und sich so etwas einfach nicht gehört.*

»Wenn du notgeil bist, dann such Dir etwas anderes!«, schmiss er mir abschließend ganz unverhohlen vor die Füße.

Ich war vollkommen verunsichert, um nicht zu gar zu sagen vollkommen perplex; hatte ich doch stets den Eindruck gehabt, dass unsere Tarnung weitgehend perfekt war. Selbst nach reiflicher Überlegung wäre mir kein Szenario eingefallen, das uns entlarvt hätte.

Ich wusste natürlich, dass mein Meister verheiratet war und auch, dass er Kinder hatte. Ich wusste jedoch nicht, inwieweit der andere Geselle über Einzelheiten unseres Treibens Bescheid wusste.

Woran ich mich jedoch mehr störte, war diese Täter-Opfer-Umkehr, die mir nicht zum ersten Mal widerfahren war. Denn immerhin war es E. gewesen, der mich verführt und in weiterer Folge zu seinem Sexsklaven gemacht hatte.

Die Schuld suchte man nun jedoch bei mir.

Und wenn einem stets die Schuld zugewiesen wird, verinnerlicht man dies mit der Zeit und wird noch mehr zum willfährigen Opfer, als man es ohnehin bereits gewesen war.

Ich war nach wie vor in diesem Teufelskreis gefangen, aus dem es offenbar kein Entkommen für mich gab.

Zu meinem Glück ließ der Geselle irgendwann von seiner Moralpredigt ab und erhob auch später keine weiteren Anschuldigungen mehr gegen mich.

Doch ich hatte zum ersten Mal Zweifel an dem, was ich tat.

In jener Zeit hätte alles vielleicht enden können.

Doch das tat es nicht.

Weil ich es insgeheim nicht wollte.

Ich hatte längst einen Weg eingeschlagen, der zu beiden Seiten mit jenem Leid gesäumt war, das ich mir selbst aufgebürdet hatte.

Erinnern sie sich noch an den Flügelschlag des Schmetterlings?

Die Kaskade an Ereignissen, die er ausgelöst hatte, begannen sich nun langsam zu entfalten. Und ich stand im Zentrum all dieses Wahnsinns mit E. als drohenden Schatten über mir.

Nachdem ich meinem Meister die Geschichte erzählt hatte, mahnte er dazu, dass wir künftig doch etwas mehr Vorsicht walten lassen müssen. Vor allem in Gegenwart unserer Kollegen.

***

Es dauerte nicht lange, bis dieses kurze Intermezzo mit dem anderen Gesellen wieder vergessen war und mein Meister befand, dass es nun an der Zeit war, mit der Ausbildung seines Meisteraspiranten fortzufahren.

Der Gedanke, es erneut mit diesem gewalttätigen Soziopathen zu tun zu bekommen, behagte mir zwar nicht sonderlich, doch gehorsam, wie ich nun mal war, widersprach ich nicht.

Ich fand mich also erneut in der Wohnung des Lehrlings an einen Bondagerahmen gefesselt wieder.

Der Meister hatte eine kleine Auswahl an Dildos mitgebracht, deren korrekte Handhabung der lange Kerl an mir üben sollte.

Diese angebliche Lektion nahm sich aus meiner Sicht ein wenig lächerlich aus, denn es gab nur wenige Dinge, die man dabei berücksichtigen musste. Jeder Anfänger hätte das nach einer kurzen Einweisung zustande gebracht.

Aber so war eben unser Spiel.

Man befahl und ich gehorchte.

Nachdem man meinen Anus mit reichlich Vaseline eingecremt hatte, ging man ans Werk.

E. startet mit dem kleinsten Exemplar und demonstrierte das vorsichtige Einführen, das immer am Beginn eines derartigen Unterfangens stand. Er erklärte seinem Schüler, dass man das Teil nicht einfach ungestüm hineinrammen darf, sondern ganz vorsichtig und langsam hineingleiten lassen solle.

Besondere Vorsicht war dann beim Herausziehen geboten. Entfernte man das Ding wie einen Sektkorken, lief man Gefahr, ein Stück des Darms mit herauszuziehen, was zu schweren Verletzungen führen konnte.

Die gleiche Vorgehensweise wandte der Meister dann mit dem mittleren und schließlich auch mit dem größten der Dildos an. Letzterer war ein recht ordentliches Kaliber und ich kam nicht umhin festzustellen, dass er mich gefährlich nahe an meine Schmerzgrenze brachte.

Als jedoch der *Meisteranwärter* an der Reihe war, schienen sämtliche Ratschläge sogleich wieder vergessen und er ging mit Eifer daran, mir den mittelgroßen Dildo mit einem einzigen Ruck bis zum Anschlag hineinzutreiben.

Der kurze stechende Schmerz trieb mit augenblicklich

die Tränen in die Augen.

Das kümmerte den Typen recht wenig, denn nur eine Sekunde später begann er, mich erbarmungslos damit zu bearbeiten. Sadistisch wie er nun mal war, hatte er recht große Freude damit, was er mit seinen Anfeuerungsrufen deutlich signalisierte.

»Das gefällt Dir Du Schlampe, nicht wahr?«

Ich nickte unter dem Rhythmus meines Keuchens, mit dem ich versuchte, den Schmerz wegzuatmen.

Da er schnell merkte, dass mir sein Tun offenbar nicht genügend Schmerzen zufügte, wechselte er das Arbeitsgerät und ich bekam den größten Kolben verpasst, mit dem er mich unbarmherzig weiter malträtierte.

Obwohl ich mich vor Schmerzen bereits zu winden begann, beging ich einen großen Fehler.

Ich war zu leise.

Ich heulte noch nicht.

Doch das änderte sich schlagartig, als er mir den kleinsten Dildo unmittelbar über den Riesenkolben hineinschob.

Eine derart extreme Dehnung hatte ich zuvor noch nie erfahren.

Ich krümmte augenblicklich den Rücken und hielt den Atem an.

Dann begann er beide gleichzeitig herauszuziehen und mit aller Kraft wieder hineinzustoßen. Das Ganze wiederholte sich vielleicht ein, zwei Mal, bis ich kurz aufschrie und gleich darauf zu heulen begann.

Meine Schmerzgrenze, die aufgrund des Trainings, das ich bereits absolviert hatte, recht hoch lag, war inzwischen bei weitem überschritten, was diesen Sadisten jedoch nur weiter beflügelte.

Er setzte mit ein paar noch heftigeren Stößen nach und begann dabei immer breiter zu grinsen.

Nichts machte ihm offenbar mehr Spaß, als mich zu quälen.

Zu meinem Glück schritt mein Meister schließlich ein.

»Er hat genug!«

Und während ich schluchzend in den Fesseln hing und um Hilfe flehte, erntete ich noch ein paar Paddelschläge auf meinen Hintern.

»Ich sagte, er hat genug!«, setzte E. etwas energischer nach.

Und dann, endlich ließ er wieder von mir ab.

»Ok, lass ihn uns ficken!«, schlug mein Meister unmittelbar darauf vor.

Die Aussicht darauf, nur gevögelt zu werden, nahm sich beinahe wie eine Erlösung aus.

Doch anstatt diesen monströsen Penetrator zu entfernen, ließen sie ihn noch gut zehn Minuten stecken und mich weiter leiden.

Als sie die beiden Dildos dann endlich wieder aus mir herauszogen, ächzte ich vor Erleichterung laut auf. All die Spannung, die mich wie gelähmt hatten dastehen lassen, fiel schlagartig wieder von mir.

Doch erst als sie begannen, mich nacheinander zu vögeln, kehrte ich langsam wieder in das Hier und Jetzt zurück.

Nachdem der Lange dann endlich gekommen war, hatte er wenigstens den Anstand, mir auch noch einen herunterzuholen. Der Orgasmus war zwar nur ein geringer Trost für das, was er mir zuvor aufgebürdet hatte, jedoch befand ich mich inzwischen in jener Phase absoluter Hörigkeit und Unterwürfigkeit, dass ich sogar dafür dankbar war.

Ich bewegte mich also immer schneller nach unten.

Hinein in den tiefen Abgrund, dem Nullpunkt immer näherkommend.

KAPITEL VI

VOLLJÄHRIG & STRICHER

Mein achtzehnter Geburtstag war ein recht zwiespältiges Ereignis.

Zunächst überwog die Freude darüber, nun endlich volljährig und damit berechtigterweise die Hoffnung, wieder ein Stück freier geworden zu sein. Denn die Zeit davor hatte sich zusehends schwierig gestaltet.

Sich stets an der Grenze zur Illegalität zu bewegen, war enervierend gewesen und der Gedanke daran, mich nicht mehr wie ein Krimineller durch den Tag stehlen zu müssen, verschaffte meinem Gewissen zumindest etwas Erleichterung.

Jedoch nicht meinen Eltern gegenüber.

Besonders an diesem Tag war mir das erneut bewusst geworden, denn sie schenkten mir überraschenderweise einen kleinen Gebrauchtwagen.

Ich war ganz aus dem Häuschen, denn damit hatte ich nicht gerechnet.

Ich hatte bereits zuvor den Führerschein in der Tasche gehabt, sodass ich ab diesem Tag auf öffentliche Verkehrsmittel weitgehend verzichten konnte. Denn nach wie vor hatte ich in der Öffentlichkeit - vor allem in Bussen und U-Bahnen - diese nagenden Ängste in mir, die jede Fahrt zu einem unangenehmen Erlebnis machten.

Mein Vater untermalte die Fahrzeugübergabe mit einer kurzen Ansprache, die die Worte zum Inhalt hatte, dass ich von nun an für alles selbst haftbar gemacht werden könnte. Zweifellos hatte der Beruf, den er ausübte, ihn dazu bewogen, mir mein Eintreten in das Erwachsenenleben auf diese Weise begreiflich zu machen. Er tat das zwar in der für ihn typischen humorvollen Art, doch die unterschwellige Mahnung, die in seinen Worten mitschwang, verfehlte ihre Wirkung nicht.

Ich denke zwar nicht, dass er zu jener Zeit auch nur erahnen konnte, was sein Adoptivsohn tagtäglich so trieb, doch andererseits war er ein äußerst intuitiver Mensch mit recht guten Instinkten, was seine Mitmenschen anbelangte.

Vielleicht hatte er tatsächlich etwas geahnt.

Ich weiß es bis heute nicht.

Und da er inzwischen verstorben ist, werde ich es nie mehr erfahren.

In der Werkstatt hingegen nahm von meinem Geburtstag niemand großartig Notiz, E. natürlich ausgenommen.

Doch auch seine Reaktion war verhalten.

Er gratulierte mir zwar beiläufig, widmete sich aber dann gleich wieder seiner Arbeit.

Ich muss zugeben, dass ich doch etwas enttäuscht gewesen war.

Die Erkenntnis, dass jene, die immer nur geben, irgendwann nichts mehr dafür bekommen, hatte mich noch längst nicht ereilt.

Und so verbrachte ich den Tag wie immer bei der Arbeit, ohne dass sich etwas Besonderes ereignete.

Was hatte ich mir auch erwartet?

An eine Geburtstagsparty, so wie es unter meinen Mitmenschen üblich war, brauchte ich ohnehin nicht zu denken, da ich keine Freunde hatte.

Bis auf das tolle Geschenk meiner Eltern war es also eine recht trostlose Angelegenheit gewesen.

Die Einsamkeit war nach wie vor mein ständiger Begleiter. Besonders an Tagen wie diesem wurde mir das schmerzhaft bewusst.

Und so ließ ich den restlichen Tag für mich alleine ausklingen, hing meinen Gedanken nach und versuchte mir auszumalen, ob es irgendwann vielleicht doch noch anders werden würde.

Eine äußerst vage Hoffnung, aber dennoch war sie da.

***

Entgegen seinem vorangegangenen Verhalten hatte mein Geburtstag für meinen Meister doch noch etwas Positives an sich gehabt.

Denn einige Tage später offenbarte er mir, dass wir durch meine nun erlangte Volljährigkeit die Möglichkeit hatten, *ganz anders zu agieren*.

Überraschenderweise sah er jedoch ein großes Problem in meiner aus seiner Sicht viel zu niedrigen Schmerzschwelle, die ein Agieren auf *höherem Niveau* sehr erschwerte.

»Du beginnst viel zu früh zu heulen!«, war er nicht müde geworden, mir vorzuwerfen.

Um dem entgegenzuwirken, war aus seiner Sicht ein viel umfangreicheres Schmerztraining von Nöten.

Ich muss zugeben, dass ich etwas geknickt war.

Ich war stets der Meinung gewesen, dass ich längst

über jenen Fähigkeiten verfügen würde, die E. ohne Einschränkung zufriedenstellten.

Darüber hinaus konnte ich mir kaum vorstellen, dass es möglich war, noch größere Schmerzen zu erdulden, als ich es ohnehin bereits tat.

Doch die Aussicht darauf, mich auf ein neues *Level* begeben zu können, war natürlich sehr verlockend.

Absurd, nicht wahr?

Ein paar Tage später zitierte mich der Meister dann auch in seine geheime Wohnung.

Ich durchliefe das übliche Prozedere des Ausziehens, Säuberns und gehorsam Wartens.

Dann musste ich mich in die Mitte des Raumes stellen. Gegenüber befand sich ein großer Wandspiegel, der natürlich nur dazu diente, mich selbst betrachten zu können, was im Regelfall ein Schmerzerlebnis noch intensiver macht.

Aus einer der Schubladen seiner Spielkommode beförderte er schließlich einen großen Haken (in einschlägigen Kreisen wird dieses Utensil Analhaken genannt), ein kugelförmiges Mundstück samt Lederband und eine etwas längere Metallkette hervor.

Der Anblick des Hakens ließ mich kurz zusammenzucken.

Er sah aus, als entstammte er einer mittelalterlichen Folterkammer, nur dass am Ende des etwa dreißig Zentimeter umfassenden Krümmungsradius, also dort, wo sich normalerweise die Spitze befindet, eine kleine Metallkugel aufblitzte.

Kurz nachdem er mich mit dem Mundstück geknebelt hatte, führte er den Haken langsam in meinen Hintern ein.

Das Metall fühlte sich unangenehm kalt und hart an, ganz anders als die Dildos, die er bisher verwendet hatte.

Dann befestigte er an der Rückseite des Mundstücks die schmale Metallkette, zog sie an meinem Rücken hinunter und fixierte sie an der kleinen Schlaufe des Hakens.

Ein kurzes Ziehen und mein Hals und ich wurden jäh nach hinten gezogen, während der Haken schmerzhaft an die Oberseite meines Anus gedrückt wurde.

Am Ende fesselte er mir noch die Arme auf den Rücken, sodass ich letztendlich vollkommen bewegungsunfähig war.

Jede noch so kleine Regung verursachte mir extreme Schmerzen. Ich kannte Schmerz, war an ihn gewöhnt, doch das war etwas vollkommen anderes. Ich war nicht einmal imstande, einen kleinen Schritt zu tun.

Als nächstes platzierte er einen Sessel vor mir, nahm darauf Platz und rauchte sich eine Zigarette an, die er genüsslich und quälend langsam qualmte.

Kaum war er damit fertig, trat er mit einem Sack Wäscheklammern an mich heran und platzierte eine nach der anderen auf mir.

Zuerst auf meinen Brustwarzen, dann auf meinem Hodensack und zu guter Letzt an meinem Penis.

Die nächste Rauchpause folgte.

Und sie wurde noch länger als die vorangegangene.

Es ließ sich reichlich Zeit, um sich an seiner Schöpfung zu ergötzen.

Ich selbst fiel währenddessen in eine Art Schmerzdelirium. Es brannte und zog an allen Ecken und Enden. Mein Verstand hatte längst die Flucht ergriffen und sich in die schützenden Niederungen meines Bewusstseins zurückgezogen.

Doch dann ging mein Meister daran, jede einzelne der Klammern mit einem Ruck anzuziehen, was mich schlagartig wieder in das Hier und Jetzt zurückbeförderte.

Das Gefühl, wenn das Blut in jene Stellen zurückschießt, die zuvor noch geklammert waren, ist unbeschreiblich. Es war eine Mischung aus Schmerz und Erleichterung zugleich.

Bis dahin kannte ich nichts Vergleichbares.

Verstärkt wurde der Effekt des Abziehens auch noch dadurch, dass bei jedem kleinen Zucken der Haken in meinem Hintern sein Übriges tat, in dem er vehement gegen das Fleisch in meinem Inneren zu drücken begann.

Und so setzte ich alles daran, absolut regungslos zu verharren, was in Anbetracht dieser ausgeklügelten Behandlung nicht einfach war.

In meinem Spiegelbild erkannte ich, dass die Klammern tiefgerötete Wölbungen hinterlassen hatten. Der Anblick erinnerte mich ein wenig an einen Aussätzigen; so als wäre ich von einer unheilbaren Krankheit befallen gewesen. Und so ähnlich fühlte ich mich auch.

Zuletzt platzierte er die Klammern noch seitlich an meinem Körper und begann die Prozedur von Neuem.

Als er endlich damit fertig war, führte er mich an der Kette in das Nachbarzimmer, in dem ein großes Bett stand, auf dem vier Fixierungsmanschetten bereitlagen.

Mein Meister fesselte mich bäuchlings darauf, nahm mir den Knebel aus dem Mund, entfernte den Haken und schob eine große Polsterrolle unter mein Becken. So erhielt er optimalen Zugang zu meinem Hintern und meinem Penis.

Dann hielt er eine Zeit lang einen Eiswürfel an meinen Anus.

Was in Anbetracht der vorangegangenen Strapazen recht angenehm war, wurde schnell richtig unangenehm. Denn der anfängliche, kühlende Effekt wurde nach und nach zu einem Brennen, das kaum zu ertragen war.

Nachdem er es lange genug ausgekostet hatte, begann er meinen Hintern mit einer Reihe unterschiedlicher Dildos zu bearbeiten, wobei er, ähnlich wie beim Training mit dem langen Soziopathen, deren Größe langsam steigerte.

Als Höhepunkt drang er mit vier Fingern in mich ein und begann diese unentwegt in beide Richtungen zu drehen.

Es fiel mir zusehends schwer, mein Unbehagen weiter zu unterdrücken, sodass ich in regelmäßigen Abständen gurgelnde Schmerzenslaute von mir zu geben begann.

Als Bestrafung für mein *unwürdiges* Verhalten wurde mein Mund zugeklebt.

E. setzte diese Prozedur gut drei Stunden fort.

Unangenehm daran war nicht das, was er tat, sondern wie lange er es tat.

Mein Mund war gegen Ende staubtrocken und aufgrund des Klebebandes bekam ich kaum mehr Luft.

Ich war ständig an der Grenze zur Atemnot und hatte das Gefühl, mein Körper wäre längst vollkommen ausgetrocknet.

Als es endlich vorbei war, stellte er mir eine Flasche Wasser auf das Bett, die ich in einem Zug leerte.

Das Training meines Meisters beschränkte sich aber nicht nur auf körperliche Züchtigung.

Die psychische Disziplinierung war ebenso ein Aspekt davon.

An eine der ersten Lektionen in diese Richtung erinnere ich mich besonders genau.

Mit wurde befohlen, in einer Ecke des Spielzimmers Platz zu nehmen. Ich war natürlich nackt, so wie wir es stets gehandhabt haben.

Nach einer Weile befahl er, dass ich mir ein Glas Wasser holen sollte.

Ich eilte also in die Küche und kam mit einem Glas voll klarem Nass zurück.

»Trink aus!«

Ich gehorchte.

»Und wo ist mein Wasser?«

Ich entschuldigte mich, lief erneut in die Küche, stellte meines in die Spüle und kehrte mit dem Glas meines Meisters zurück.

»Das Glas gefällt mir nicht! Hol mir ein anderes!«

Ich entschuldigte mich erneut und tat wie mir geheißen.

»Hast du das andere Glas gespült?«

Ich verneinte, verbeugte mich und ging in die Küche, um auch diesen Auftrag auszuführen.

Und so ging das über Stunden munter weiter.

Beging ich zu viele Fehler, wurde ich bei jedem Vergehen mit fünf Peitschenhieben auf den nackten Hintern bestraft.

Natürlich war E.´s Strategie derart ausgeklügelt, dass ich kaum etwas richtig machen konnte und so jedes Mal entsprechend bestraft wurde.

All das diente natürlich dazu, mich maximal gefügig zu machen.

Mein Meister hätte es als peinliche Blamage empfunden, wenn ich bei einem unserer Kundenbesuche nicht perfekt funktioniert hätte oder gar ungehorsam gewesen wäre.

Langsam und unaufhaltsam wurde ich auch in dieser Beziehung das kleine Äffchen, das ohne Widerworte jeden erdenklichen, wenngleich auch noch so lächerlichen Befehl ausführte.

***

Meine Volljährigkeit eröffnete uns nun auch die Perspektive, gewisse einschlägige Einrichtungen, wie zum Beispiel Schwulenkneipen zu besuchen, was wir in weiterer Folge auch regelmäßig taten.

Ganz meine neue Freiheit auskostend, tat ich dies dann und wann auch alleine, was ich jedoch tunlichst vor E. geheim hielt.

Er wäre nicht besonders erfreut darüber gewesen, da derartige eigenmächtige Streifzüge natürlich die Gefahr in sich bargen, ich könnte mich jemand anderen zuwenden.

Bei einem dieser Besuche lernte ich einen Stricher kennen, der etwa in meinem Alter war und sich als Darsteller in Schwulenpornos ein recht ansehnliches Zubrot verdiente.

Mein Interesse war natürlich sofort geweckt.

Nicht nur, weil mich die Materie Film im Allgemeinen

seit jeher begeisterte, sondern auch, weil die Aussicht auf ein zusätzliches Einkommen durchaus motivierend gewesen war.

Denn E. hielt mich in finanziellen Belangen nach wie vor an der kurzen Leine.

Im Laufe des Gesprächs eröffnete er mir, dass auch der Macher dieser Filme, ein französischer Regisseur, der sich in der Szene bereits durch seine Produktionen einen Namen gemacht hatte, an diesem Abend zugegen war.

Ich fasste also Mut, ging auf ihn zu und fragte ganz unverhohlen, welche Voraussetzungen man als Darsteller in seinen Filmen erfüllen musste.

Während er mich eingehend musterte, grinste er und sagte: »Na ja, du siehst ja ganz niedlich aus, aber das Wichtigste ist natürlich Dein Schwanz!«

Da ich der Meinung war, mich in dieser Hinsicht nicht verstecken zu müssen, ließ ich kurzerhand meine Hose runter, um gleich vor Ort zu demonstrieren, was bei mir Sache war.

Im Gegensatz zum Barkeeper, der mich ohne Umschweife aufforderte, derartige Dummheiten gefälligst sein zu lassen, waren die verbliebenen Anwesenden recht amüsiert und begannen es mir gleich zu tun.

Es artete schließlich in einem regelrechten Schwanzvergleich aus, der sich, begleitet von schallendem Gelächter, eine ganze Zeit lang hinzog. Und selbst der Barkeeper, der anfänglich nicht begeistert gewesen war, schloss sich dieser illustren Runde schließlich an.

Der Regisseur jedoch war nicht besonders begeistert von dem, was ich zu bieten hatte.

Er winkte gleich mit den Worten »Das wird nichts! Du bist nicht beschnitten!« ab.

Ich hatte zwar bereits des Öfteren überlegt, dies an mir durchführen zu lassen, mir aber stets die Ausrede zurechtgelegt, dass es nicht der richtige Zeitpunkt gewesen war.

Doch das war nicht eigentliche Problem.

Da war schließlich noch mein Meister.

Ohne seine Erlaubnis konnte ich diesen Gedanken wieder so schnell verwerfen, wie er über mich gekommen war.

Ich zog also etwas enttäuscht meine Hose wieder hoch und begab mich wieder unter meinesgleichen; in jene Runde von Strichern, mit denen ich mich über die Wochen langsam angefreundet hatte.

Den Kontakt zu ihnen aufzunehmen war mir leichter gefallen als es bei normalen Menschen, denn ich sah in ihnen so etwas wie Leidensgenossen – Brüder im Geiste, wenn man so will.

Auch wenn ich es nüchtern betrachtet besser getroffen hatte als die meisten von ihnen.

Ich habe bereits erwähnt, dass *herkömmliche* Stricher zwar recht anständig verdienten – zumindest mehr als ich, da ja mein Meister mein Honorar in der Regel für sich behielt – Schutz jedoch genossen sie so gut wie keinen. Während ich über einen festen Wohnsitz, einen Job und auf recht fürsorgliche Eltern zählen konnte, standen die meisten von ihnen allein da.

Zuhälter gab es in zu dieser Zeit in der Schwulenszene meiner Heimatstadt nicht.

Das schlimmste Dasein fristeten natürlich jene, die über ihr Stricherdasein hinaus auch noch der Drogensucht verfallen waren.

Wie meine Mutter einst.

Während man in unserer *Branche*, vor allem dann, wenn man attraktiv genug war, in der Regel recht gut verdiente, so waren diese armen Teufel dazu verdammt, zumindest so viel Geld zu verdienen, dass es für den nächsten Schuss reichte.

Und dabei musste ihnen jeder Kunde recht sein, musste jeder Freier toleriert werden.

Selbst die Untolerierbaren.

Dass sie sich bereits seit ihrem ersten Schuss in einer tödlichen Abwärtsspirale befanden, war ihnen durchaus bewusst, doch wenn die Sucht erst überhandgenommen hatte, war jedwede Vernunft vergessen.

An diesem Abend wurde mir das wieder einmal recht anschaulich vor Augen geführt.

Während sich unsere kleine Gemeinschaft gut amüsierte und das Bier in Strömen floss, gab es einen etwas älteren, zweifellos drogenabhängigen Stricher, der verzweifelt auf der Suche nach einer Unterkunft für die kommende Nacht war.

Und dabei scheute er nicht davor zurück, sich selbst jenen Kunden an den Hals zu werfen, um welche die meisten anderen einen großen Bogen machten.

Erfolg hatte er dennoch keinen.

Und so war es nicht schwer zu erahnen, worauf das hinauslaufen würde: Auf eine kalte Nacht, irgendwo auf einer Parkbank oder sonstigen versifften Orten, an dem einen alles Mögliche widerfahren konnte.

Mitleid war in dieser Szene stets fehl am Platz gewesen.

Man hatte gelernt einfach wegzusehen, Gefühle einfach beiseite zu wischen und kaum über den eigenen Tellerrand hinauszusehen.

Ich bin heute noch froh darüber, dass ich für Drogen nie empfänglich gewesen war.

Es hat mir weitaus Schlimmeres erspart.

***

Als mein Meister und ich wieder einmal durch das einschlägige Szeneviertel unserer Stadt spazierten und in irgendeiner Kneipe einkehrten, um den Abend mit einem kühlen Bier ausklingen zu lassen, trafen wir auf einen etwas älteren, jedoch äußerst bekannten deutschen Schauspieler, der zufälligerweise an diesem Tag in der Stadt war.

Er stand unweit von mir und es dauerte nicht lange, bis er auf mich zukam und mich fragte, *ob ich zu haben sei.*

Ich kannte ihn bereits aus diversen Filmen und war daher sehr überrascht, dass gerade ich ihm aufgefallen war.

Ich antwortete nicht direkt darauf, sondern verwies ihn an meinen Meister. Es war mir ja nicht erlaubt, ohne sein Einverständnis mit fremden Männern zu schlafen.

Wie zu erwarten, hatte E. nichts dagegen.

Einen derart gut betuchten Kunden abzulehnen, wäre ihm nie in den Sinn gekommen.

Als der Schauspieler jedoch nach meinem Alter fragte und erfuhr, dass ich bereits achtzehn war, meinte er, dass das eigentlich schon etwas zu alt für ihn wäre.

E., der natürlich ein Geschäft witterte und nun die Befürchtung hatte, dieses lukrative Opfer könne ihm durch die Lappen gehen, setzte sofort nach und versicherte ihm, dass ich am ganzen Körper rasiert sei und dadurch ohnehin viel jünger wirkte.

Seine Argumente überzeugten letztendlich und so verschwanden wir wenig später in einem Stundenhotel, das nur wenige Gehminuten von der Bar entfernt lag.

Als ich mich dort auszog, entdeckte mein Gegenüber einige Striemen, die ich mir ein paar Tage zuvor bei einem unserer Spiele zugezogen hatte.

Ich bemerkte, wie sich ein schockierter Ausdruck in sein Gesicht stahl und war etwas verwundert, da ich der Annahme war, er würde etwas Ähnliches von mir wollen.

Mit einer derartigen Reaktion hatte ich nicht gerechnet.

Denn offenbar war er nur auf konventionellen Sex aus gewesen.

Er ging auch gleich daran, mich mit unzähligen Fragen zu überhäufen; wann, weshalb, warum und so weiter.

Ich erklärte ihm ausführlich, welche Art von Stricher ich eigentlich war, was natürlich auf vollkommenes Unverständnis bei ihm stieß.

Es war unübersehbar, dass er aus einer anderen Welt kam.

Der normalen Welt.

Jener Welt, die ich nie kennengelernt hatte.

Ebenso wenig wie er die meine.

Denn selbst wenn er Dienste von Menschen wie mir gerne in Anspruch nahm, endete der Kontakt mit meinem Milieu spätestens dann, wenn er bezahlt hatte.

Wir verbrachten mehr als vier Stunden in diesem Zimmer und hatten währenddessen auch Sex.

Doch die meiste Zeit redeten wir einfach.

Vielmehr redete ich.

Er stellte mir nur Fragen.

Unzählige Fragen.

Ich fand das zu Beginn etwas seltsam, doch je länger diese eigenartige Zusammenkunft andauerte, umso freier fühlte ich mich. Dieser bekannte Unbekannte, hatte es innerhalb weniger Stunden zustande gebracht, mein Vertrauen zu gewinnen und ich dankte es ihm mit einer Offenheit, wie ich sie noch nie zuvor jemandem entgegengebracht hatte. Selbst meinem Meister nicht.

Als wir schließlich auseinandergingen, war ich sogar ein wenig traurig.

»Es gibt noch ein anderes Leben!«, schickte er mir nach, bevor er in der Menschenmenge, die nachts die Straßen bevölkerte, verschwand. »Man muss nur eine Entscheidung treffen!«

Ich weiß nicht mehr, wie lange ich noch dort gestanden bin und über seine Worte nachgedacht habe.

Hatte er vielleicht sogar recht?

War das, was ich dort in diesem Zimmer erlebt hatte, die Blaupause dafür, was man allgemeinhin als vertrauensvolles Miteinander bezeichnete?

Sahen so echte Partnerschaften aus?

Sahen so echte Freundschaften aus?

Man schüttet jemanden sein Herz aus, während der andere tatsächlich zuhörte?

Ich muss zugeben, dass ich sehr verwirrt war.

Diese Begegnung hatte einen tiefen Eindruck hinterlassen, welcher noch lange in mir nachhallte.

Die wirkliche Welt, genauer gesagt, meine wirkliche Welt, holte mich kurz darauf wieder ein.

Ein paar Tage nach der Begegnung mit dem Schauspieler, wurde in einer Bar ein etwas älterer Mann, vielleicht so um die fünfzig auf mich aufmerksam. Wir hatten unweit von ihm Platz genommen, nippten an unseren Bieren und es entging mir nicht, dass er über längere Zeit in meine Richtung sah.

Vielmehr starrte er mich ganz unverhohlen an.

Es lag ein seltsamer Ausdruck in seinem Gesicht. Ein Ausdruck, dem ich nicht imstande war zu deuten.

Ich hatte inzwischen recht gute Instinkte dafür entwickelt, wer ein potenzieller Freier sein könnte, wer Interesse an mir zeigte, beziehungsweise wer einfach nur notgeil war.

Doch diesen Typen vermochte ich nicht wirklich einzuschätzen.

Als E. sein Interesse bemerkte, fackelte er nicht lange und ging mit seiner üblichen Vorgehensweise auf ihn zu.

»Er ist zu haben!«

Kurz und bündig.

»Wie viel?«, kam es ohne Umschweife zurück.

»Dreihundert, wenn du ihn nur ficken willst«, eröffnete mein Meister die Verhandlung, »oder siebenhundert, wenn Du ihn ein wenig quälen willst!«

Er zwinkerte dem Typen einladend zu.

Dieser jedoch schien vollkommen ungerührt von diesem Lockangebot zu sein.

»Ich gebe Dir Zweitausend!«

Ich wäre fast von meinem Barhocker gefallen. Niemals zuvor hatte jemand eine so hohe Summe für mich geboten.

Ich war im ersten Moment geschmeichelt, gleichzeitig jedoch auch misstrauisch gewesen. Denn jemand, der eine solche Summer bot, konnte nur Übles im Schilde führen.

Mein Meister ließ sich zumindest rein äußerlich nicht davon beeindrucken und konstatierte sofort: »Geht klar! Aber ich muss dabei sein!«

Der Fremde war schnell einverstanden.

Da er von außerhalb der Stadt kam, wurde kurzerhand vereinbart, dass wir uns in die Wohnung meines Meisters begeben, um das Geschäft dort zu vollziehen. Ich habe zuvor bereits erwähnt, dass E. verheiratet war und auch Kinder hatte. Sie werden also verwundert sein, dass wir gerade diesen Ort ausgewählt haben.

Seine Frau wusste natürlich nichts von seiner Nebenbeschäftigung, da er die Erlöse aus unserer gemeinsamen Tätigkeit dazu verwendete, eine geheime Wohnung, die er scherzhaft Spielbude nannte, zu erhalten.

Dort angekommen gingen wir ins Schlafzimmer, wo ich wieder einmal aufgefordert wurde, mich auszuziehen.

Als der Fremde mich nackt sah, starrte er mich mit einem von Gier erfüllten Ausdruck an, der mir augenblicklich ein seltsames Ziehen in die Magengegend trieb.

Wirre Gedanken begannen mir durch den Kopf zu schießen.

Sehen Mörder so ihre Opfer an, bevor sie sie töten?

Ich bekam allmählich richtig Angst. Vor meinem inneren Auge sah ich mich mit Händen um meinem Hals am Boden oder mit einem Messer in der Brust meinen letzten Atemzug tun.

Wäre mein Meister nicht anwesend gewesen, ich hätte wohl augenblicklich die Flucht ergriffen.

Dann stellte er mir eine Reihe von Fragen. *Ob ich einen richtigen Beruf habe oder nur Hure bin. Ob ich bereits bei der Bundeswehr war und ob ich ein guter Schüler gewesen bin.*

Ich antwortete artig auf alles, während meine Verwirrung immer mehr zunahm, ebenso wie das mulmige Gefühl in meiner Magengegend.

E. folgte dem Treiben eine Zeit lang und schlug schließlich vor, dass es nun an der Zeit wäre, mich zu fesseln.

Der Fremde schüttelte ablehnend den Kopf und grinste höhnisch.

»Nein, nein! Er soll sich ruhig wehren können!«

Alles in mir schrie nach Flucht.

Als er näher auf mich zukam, erkannte ich ein seltsames Funkeln in seinen Augen. Ein diabolisches Aufblitzen inmitten von tiefem Schwarz; einen dunklen Abgrund, der nichts als Schrecken verhieß.

»Du kleiner Scheißer siehst genauso aus wie mein Sohn!«

Dann verpasste er mir eine schallende Ohrfeige.

»Ich habe den kleinen, verzogenen Pisser nie richtig bestraft!«, brüllte er weiter. »Aber Dich kann ich bestrafen!«

Er packte mich und warf mich mit einem Schwung auf das Bett.

»Und ich hätte ihn auch mal ordentlich durchficken sollen!«, donnerte es. »Aber Dich kann ich ficken!«

Ich war fassungslos, blieb aber stumm wie ein Fisch.

Mir in E.´s Gegenwart eine Blöße zu geben, war keine Option gewesen.

»Und Du wirst mich gefälligst Daddy nennen!«

Welcher Vater konnte seinen Sohn so hassen, dass er derart abartige Fantasien entwickelte?

Was mir hier gegenüberstand, war offenbar ein Mensch, der über Jahre ein Maß an Hass in sich angestaut hatte, das seinesgleichen suchte. Und nun hatte er endlich jemanden gefunden, ein Spiegelbild seines Objektes der Verachtung, an dem er all das ausleben konnte.

»Ja, Daddy!«

Ich ging als nächstes daran, ihm einen zu blasen und hoffte, dass diese absurde Veranstaltung ein Ende finden würde, sobald ich ihm zu einem Orgasmus verholfen hatte.

Doch er stoppte vorzeitig und begann mich stattdessen zu ficken.

Da er ein recht schmächtiger Typ mit kleinem Schwanz war, empfand ich den Sex als solches nicht so unangenehm, jedoch hielt er in regelmäßigen Abständen inne, um mich in den Hintern zu beißen, mich in meine Nippel zu kneifen oder mich zu kratzen.

Ich war natürlich längst an heftigere Bestrafungen gewöhnt, sodass ich ihm vorgaukeln musste, dass mir das alles heftige Schmerzen bereiten würde.

Dazwischen quatschte er unaufhörlich weiter, *was für ein undankbarer Bastard ich doch wäre, und dass ich nun all das bekommen würde, was ich verdiene.*

»Nein, Daddy, nicht! Das tut weh!«, log ich wimmernd, während ich das ein oder andere Mal bewusst versuchte, mich ihm zu entziehen.

Er glaubte mir offensichtlich, denn ich merkte an seinen Reaktionen, dass es ihn immer weiter anturnte.

Dann zog er sich urplötzlich zurück.

»So, jetzt wird es Zeit für die richtige Bestrafung!«

Mein Meister, der dem Treiben die ganze Zeit über fasziniert gefolgt war, reichte ihm eine Peitsche, mit der er sofort begann, auf mich einzuschlagen.

»Nein, Daddy, hör auf!«, brüllte ich, so laut ich konnte. Und dieses Mal war es nicht mehr vorgetäuscht, denn er schlug tatsächlich so hart auf mich ein, wie er offenbar konnte.

Schon nach kurzer Zeit begann mein Hintern wie Feuer zu brennen.

Dazwischen forderte er mich immer wieder auf, ich solle sagen, warum ich wieder eine schlechte Note bekommen hatte oder anderwärtig Mist gebaute hatte, was er jedes Mal mit ein paar heftigen Schlägen quittierte.

Als nächstes bekam er das Paddel ausgehändigt; einen flachen Holzschläger, der entfernt an ein Ruderutensil erinnerte.

Dieses Teil hasste ich am meisten.

Auch damit begann er mich mit unverminderter Härte zu bearbeiten und die feuerroten Hautstellen weiter zu malträtieren.

Immer wenn ihm sein Arm etwas erlahmte, stoppte er und ging wieder dazu über mich zu ficken.

Ein groteskes Wechselspiel aus schlagen, ficken, schlagen, blasen, schlagen, ficken, entwickelte sich.

Es ist schwer, in solchen Situationen einen Zeitbegriff zu entwickeln, doch ich schätze, dass er mich letztendlich über zwei Stunden hinweg bearbeitet hat.

Als er endlich gekommen war, ließ er von mir ab und

sank schweißgebadet neben mir auf das Bett nieder.

Mein Hintern war eine einzige offen Wunde, sodass ich kaum mehr imstande war, mich hinzulegen, geschweige denn zu setzen.

Schwerer als meine körperlichen Wunden jedoch waren die seelischen, die mir der Irre zugefügt hatte. Er hinterließ in mir Eindrücke, die mich noch mehr an der Gesellschaft und all ihrer Scheinheiligkeit zweifeln ließen.

Zuletzt forderte er mich noch auf, mir selbst einen runterzuholen, was ich natürlich auch tat. Doch kaum hatte ich abgespritzt, empfing ich eine ganze Kaskade schallender Ohrfeigen.

Es sei pervers, in Gegenwart seines Vaters abzuspritzen, tadelte er mich. Er war so in seinem Wahn verfangen, dass ich das Gefühl hatte, er meinte es wirklich ernst. Todernst.

Und dann war es plötzlich vorbei.

Er kleidete sich an und bezahlte meinem Meister die vereinbarte Summe.

Und nur wenig später fiel auch seine Maske wieder. Ein dankbarer, beinahe warmherziger Ausdruck stahl sich in sein Gesicht. All die wirre Boshaftigkeit, die noch kurz zuvor in seinen Augen aufgeblitzt war, schien schlagartig wieder verschwunden zu sein und übrig blieb nur ein Mann, der nun all seines Grolls entledigt schien.

Offenbar hatte nur jemand für seine Erlösung leiden müssen.

Seine nächsten Worte verrieten es.

Er reichte meinem Meister und mir die Hände und bedankte sich dafür, dass wir ihn befreit, ihn *erlöst* hatten.

Dann wandte er sich wortlos um und ging.

Wir blieben zurück und hingen noch eine Weile wortlos unseren Gedanken nach.

Mein Meister war offenbar noch immer in seiner Faszination verfangen, während ich mir die Frage stellte, welche menschlichen Abgründe dort draußen noch auf mich lauerten.

Rückblickend muss ich feststellen, dass von allen Dingen, die mir widerfahren sind, dieses Treffen das seltsamste gewesen ist.

***

Einige Zeit später kam mein Meister auf die Idee, mit mir eine Schwulensauna zu besuchen.

Diese Ankündigung löste bei mir extremes Unbehagen aus. Der bloße Gedanke daran, unbekannte Orte mit unbekannten Menschen aufzusuchen, nährte wieder jene Ängste, denen ich nach wie vor verfallen war.

Ich vermied es natürlich tunlichst, ihm das zu gestehen. Dessen ungeachtet wäre eine Weigerung ohnehin sinnlos gewesen und im schlimmsten Fall mit der Beendigung unseres Verhältnisses bestraft worden.

Das konnte ich auf keinen Fall zulassen.

Denn meine emotionale Abhängigkeit von ihm hatte inzwischen ein Ausmaß erreicht, das mit Hörigkeit kaum mehr zu beschreiben gewesen war.

Ich war ihm bedingungslos verfallen.

Auch wenn ich in meinem Inneren dann und wann mit diesem Verhältnis haderte.

Doch sobald er in meiner Gegenwart gewesen war, hatte es kein Hadern mehr gegeben.

Und so besann ich mich darauf, dass es mir inzwischen möglich war, alleine in Schwulenkneipen zu gehen, auch wenn das einzig und alleine dem Umstand geschuldet war, dass ich die Menschen dort mittlerweile gut kannte und sich so meine Ängste in Grenzen hielten.

E. brachte darüber hinaus das Argument ins Spiel, dass wir gerade an diesen Orten leichtes Geld machen könnten.

Und die Schwulen-Community war in diesen Belangen recht verschwiegen gewesen, sodass das Risiko, erwischt zu werden nüchtern betrachtet gleich null war. Denn trotz meiner inzwischen erreichten Volljährigkeit war Prostitution zu jener Zeit nach wie vor ein strafrechtliches Delikt.

Ich versuchte also mir nichts anmerken zu lassen und schob sämtliche Bedenken beiseite.

Mein erster Besuch in einem dieser Etablissements nahm sich wie der Eintritt in eine neue Welt aus.

Wie das lautlose Hinübergleiten in einen Mikrokosmos, in dem die Welt, so wie man sie allgemeinhin kannte, einfach aufhörte zu existieren.

Einer äußerst seltsamen Welt.

Einer Welt, die irgendwie im Schatten zu liegen schien.

In dem schäbigen Hinterhof, indem sich der Eingang befand, fand das Licht der Sonne kaum hinein, sodass uns ein diffuses Halbdunkel auf unseren Weg dorthin begleitete. Über einer unscheinbaren Tür befand sich eine Kamera, die es den wachsamen Augen im Inneren ermöglichten, genau zu ermessen, wer da in die Nähe dieser Enklave kam.

Nach einem kurzen Wortwechsel über die Gegensprechanlage – mein Meister war hier erwartungsgemäß kein Unbekannter – wurden wir eingelassen.

An der Rezeption erhielten wir unsere Schrankzuweisung und ein Handtuch, welches ich mir in der Umkleide sofort um die Hüfte wickelte und es so festzurrte, dass es auf keinen Fall hinunterfallen konnte.

Ich hatte selbst während dieser Zeit nie ablegen können, dass ich nicht gerade der Hübscheste war und daher am besten alles verbergen sollte, was mir Hohn oder Spott einbringen könnte.

Dann traten wir ein.

Ich fand mich in einem großen Raum wieder, in dessen Zentrum sich ein Whirlpool befand, der voller nackter Männer war.

Unmittelbar dahinter wurde der Blick auf eine recht breite Theke frei, in der unbekleidete Barkeeper Getränke ausschenkten. In den Wänden fanden sich zu beiden Seiten dunkle Nischen mit Liegen darin, deren Zweck nur allzu offensichtlich war.

Hinter einem großen Sofa stand ein Fernseher, auf dem ein tonloser Schwulenporno lief, in dem sich gerade eine Massenorgie unaufhaltsam ihrem Höhepunkt näherte.

Ich sah mich fasziniert nach allen Seiten hin um und stellte schließlich fest, dass in diesem fensterlosen Refugium nirgendwo eine Sauna zu finden war.

Offenbar war diese Bezeichnung nur die Tarnung für etwas ganz anderes gewesen.

Es dauerte nicht lange, bis mein Meister von einigen der Anwesenden herzlich begrüßt wurde.

Wie ich bereits vermutet hatte, war er an diesem Ort kein Unbekannter gewesen.

Und er verlor auch keine Zeit, um mit dem Verkaufsgespräch zu beginnen.

Dazu trat er in einem kleinen Erker, der rechts von der Bar lag und begann lauthals zu verkünden, *dass ich sein Sklave wäre, auf den Namen Pussyboy hörte und darüber hinaus extrem gefügig und hervorragend zu ficken sei.*

Dann signalisierte er mir, dass ich nun meinerseits die *Bühne* betreten sollte.

Mit einem Ruck lag mein Handtuch auf dem Boden und er fixierte mir Hände und Beine mit mitgebrachten Schellen.

Dann packte er mich am Hals und zog mich nach vorne, sodass ich in gebückter Haltung dastand, während er meine Pobacken auseinander drückte, sodass jeder der Anwesenden freien Blick auf das hatte, was dazwischen lag.

»Glattrasiert wie ein Baby!«, frohlockte er, während er mit der Hand über meinen Hintern strich.

Die Szene war extrem entwürdigend für mich.

Ich kam mir vor, als würde ich auf einem Viehmarkt feilgeboten werden; als hätte man mich auf einen Sklavenmarkt im alten Rom verfrachtet, wo ich an den Meistbietenden verschachert werden sollte.

Doch wie immer gehorchte ich, zeigte keine Regung, obgleich ich innerlich vor Unbehagen längst zu vibrieren begonnen hatte.

Es dauerte auch nicht lange, bis sich die ersten Interessenten ein Stelldichein gaben.

Ein großgewachsener, sehr athletischer Koloss trat neben mich, packte mich mit seiner Hand und drückte mir mit schierer Leichtigkeit meine Kiefer auseinander.

Nur eine Sekunde später spuckte er mir in den Mund und wartete gespannt auf meine Reaktion.

Obwohl ich mich vor Ekel beinahe übergeben musste, zeigte ich mich nach außen hin vollkommen unbeeindruckt.

»Du hast recht! Der ist wirklich gefügig!«, pflichtete er meinem Meister bei.

Ein Zweiter trat herauf, langte an meinen Schwanz und begann ihn mit gierigem Blick zu massieren, während die andere Hand meinen Hintern suchte.

»Sehr lecker!«, schnalzte er mit der Zunge. »Wieviel?«

Der Preis für beide war schnell vereinbart.

Offenbar war ich für diese Typen ein Schnäppchen gewesen.

Kurz darauf wurde ich in eine der Nischen geführt und dort auf allen vieren auf der bereitstehenden Liege fixiert.

Bevor ich mich versah, hatte ich ein Teil im Mund, das andere in meinem Hintern und die beiden Typen begannen mich richtig heftig zu bearbeiten.

Das Problem an diesem Unterfangen war jedoch, dass man mir keine Zeit gegeben hatte, mich an das Eindringen zu gewöhnen, sondern einfach wild drauflos rammelte, was mit heftigen Schmerzen verbunden war.

Diese Typen waren mit Sicherheit erfahren genug gewesen, um zu wissen, was sie mir da antaten, sodass man zu dem Schluss kommen musste, dass sie mir absichtlich wehtun wollten.

Denn anders als bei ihren vermeintlichen Partnern (die sie gewiss hatten) mussten sie bei mir keinerlei Behutsamkeit walten lassen und konnten ihren Aggressionen ungestüm und ohne groß nachzudenken, freien Lauf lassen.

Für sie war ich nicht mehr als ein Stück Fleisch, das sie nach gut Dünken *weichklopfen* konnten, wie auch immer es ihnen gefiel.

Konsequenzen hatten sie natürlich keine zu befürchten, denn immerhin handelte es sich um ein Geschäft, einen Deal; und ich war nicht mehr als die Ware, die sie erworben hatten.

Selbst als mir die Tränen in den Augen schossen, kümmerte sie das nicht.

Im Gegenteil.

Sie verschärften ihr Tempo noch.

Aus den Augenwinkeln heraus erkannte ich, dass mein Meister die Szenerie sichtlich genoss.

Um die Sache noch ein wenig hinauszuzögern, wechselten sie sich immer wieder ab, was ich als extrem unappetitlich empfand.

Ich reagierte auf Oralverkehr noch immer mit Brechreiz. Zwei verschiedene Schwänze abwechselnd in den Mund gerammt zu bekommen, hatte diesen bis ins Unerträgliche gesteigert.

Die Zuseher hingegen hatten natürlich einen Heidenspaß an diesem Schauspiel gehabt.

Hinter mir hatte sich bereits eine ansehnliche Menge versammelt, die dem Treiben mit großer Begeisterung folgte. Ich hörte es an ihren Anfeuerungsrufen, was die beiden natürlich noch weiter anspornte.

Ich weiß nicht mehr, wie lange das alles ging, doch irgendwann näherten sie sich gottlob ihrem Höhepunkt.

Dazu platzierten sie sich unmittelbar vor mir.

Ich musste meinen Mund weit aufsperren und sie spritzen mir beinahe gleichzeitig in das Gesicht. Besonders wenn man das Zeug in die Augen bekam – und ich durfte sie ja nie schließen – war das extrem unangenehm, denn es brannte heftig.

Als sie schließlich von mir abgelassen hatten, trat E. an mich heran und begann mich eingehend zu mustern.

»Langsam wird das was mit Dir!«, lobte er mich.

Dann wurden meine Fesseln gelöst und ich musste mich aufrecht vor das versammelte Publikum stellen.

Es war in der Szene ein ungeschriebenes Gesetz, dass kein Geschäft zustande kam, wenn der Stricher, sprich der Sklave, nicht auch selbst abspritzte.

Und so ging mein Meister am Ende noch eifrig ans Werk, obgleich ich keinerlei Lustempfinden mehr verspürte. Nach einigen mühevollen Minuten rang ich mir dann doch noch einen Orgasmus ab, was wiederum mit regem Beifall quittiert wurde.

Danach war ich fix und fertig.

Ich weiß nicht mehr, ob es die körperliche Beanspruchung oder die psychische Demütigung dieser offenen Zurschaustellung gewesen war - vielleicht auch eine Kombination aus beidem - doch ich hatte nur mehr einen Wunsch: Diesen unseligen Ort so schnell wie möglich zu verlassen.

***

Kaum hatte das Saunaerlebnis der Vergangenheit angehört, wurde die Reihe meiner skurrilen Erlebnisse einige Tage später um eine weitere Episode bereichert.

Gemeinsam mit E. fuhr ich zu einem Treffen mit einem angeblichen Regisseur, der mich unbedingt kennenlernen wollte.

Da ich bekannterweise reges Interesse an Filmen hegte, hatte ich diesem Treffen natürlich mit freudiger Erwartung entgegengesehen.

Entgegen meinen Erwartungen jedoch war der besagte Herr ein Theaterregisseur.

Theater?

Ein Milieu, mit dem ich rein gar nichts anfangen konnte.

Für mich waren derartige Inszenierungen seit jeher viel zu gekünstelt, viel zu überspitzt, sodass ich ihnen kaum etwas abgewinnen konnte.

Doch wie dem auch sei. Wie immer hatte ich gehorcht und mich schließlich zum ersten Mal in meinem Leben in dieses unbekannte Terrain gewagt.

Denn selbstverständlich fand das Treffen in einem Theater statt.

Das etwas provinziell wirkende Schauspielhaus hatte über etwas mehr als dreihundert Sitzplätze verfügt, samt einer kleinen Bühne und einer Reihe von Logen, die über dem Durchgang aus der rückwärtigen Wand hervorsprangen.

Der vermeintliche Regisseur, ein etwas älterer, nicht besonders großer und leicht abgerissener Künstlertyp, erwartete uns bereits.

Während wir den Mittelgang entlanggingen, nahm mich mein Meister kurz zur Seite und sagte: »Du machst alles, was der Herr Regisseur sagt, verstanden?«

»Ja, Meister!«, lautete die obligatorische Antwort darauf.

Als hätte ich jemals widersprochen.

Beim ersten Aufeinandertreffen wurde nur mein Meister begrüßt.

Ich selbst stand devot mit nach unten gerichtetem Blick daneben, spürte jedoch ganz deutlich, wie ich eingehend gemustert wurde.

»Ja, das geht in Ordnung!«, tönte es zwischen dem etwas ungepflegten Bart hervor.

»Er soll auf die Bühne gehen und sich ausziehen!»

Dann verschwand er in der Regie und nur einen kurzen Moment später blitzten die Scheinwerfer im Inneren auf und die Bühne vor mir wurde taghell erleuchtet.

Während mein Meister in der ersten Reihe Platz nahm, zog ich mich aus, trat auf die Bühne und wartete.

Wenig später erschien der Regisseur wieder. In einer Hand trug er einen großen Dildo, in der anderen rosafarbene Hasenohren, die auf einem Haarreif fixiert waren.

»Schwenk mal deine Hüften!«, befahl er mir.

Ich tat, wie mir geheißen, womit er jedoch nicht zufrieden war. »Mehr! Ich will es richtig klatschen hören!«

Ich verstärkte meine Bewegungen, was zur Folge hatte, dass mein Penis hart gegen meine Oberschenkel schlug, sodass ich schließlich eine recht ansehnliche Erektion bekam.

»Fein!«, frohlockte er.

Durch das Scheinwerferlicht hindurch erkannte ich, wie er mir ein süffisantes Grinsen zuwarf.

»Und jetzt runter auf Alle Viere!«, lautete der nächste Befehl.

Nachdem ich mich auf den harten Bühnenboden niedergelassen hatte, trat er hinter mich und schob mir langsam den mitgebrachten Dildo in den Hintern.

Dann ließ er seine Hose runter und platzierte seinen Schwanz direkt vor meinem Gesicht.

»Blasen!«, dröhnte es zu mir herab. »Aber gib Dir ja Mühe!«

Doch bevor ich seinen Ständer erfasste, setzte er mir noch diese peinlichen Hasenohren auf den Kopf, was er mit den Worten »Was für ein niedlicher Blasehase!« untermalte.

Und dann begann ich mein Werk.

Da ich nach wie vor eine Phobie davor hatte, wenn mir etwas in den Mund gesteckt wurde, hatte ich eine Methode ersonnen, die diesen Vorgang nicht ganz so unangenehm für mich machte.

Ich packte seinen Schaft, schob mir lediglich die Eichel in den Mund und saugte, so gut es ging, daran herum.

Bei den meisten Freiern hatte das stets recht gut funktioniert.

Doch nicht dieses Mal.

Der Regisseur hatte meine Taktik schnell durchschaut. Er schlug meine Hand zur Seite, winkte meinen Meister herbei und bat ihn, sie an meinem Rücken zu fixieren.

Kaum war es geschehen, schob er mir sein Ding bis zum Anschlag in den Rachen.

Ich fühlte mich wie in einem Albtraum, denn es gab nicht Schlimmeres für mich als das. Selbst die brutalsten und am meisten erniedrigenden Lektionen, die ich bis zu diesem Zeitpunkt erfahren hatte, waren nichts im Vergleich zum Eindringen in mein Allerheiligstes gewesen;

noch dazu mit dieser Vehemenz.

Es dauerte nicht lange, bis mich eine heftige Panikattacke befiel.

Meine Lungen fühlten sich an wie eingeschnürt, meine Zunge war taub, während ich durch meine viel zu schmalen Nasenlöcher hindurch verzweifelt versuchte, Luft in mich hineinzusaugen. Ich begann mich wie ein Wurm zu winden, doch der stählerne Griff meines Meisters hinter mir erstickte von vorneherein jede meiner Bewegungen im Keim.

Es war nur wenige weitere Stöße von Nöten, bis ich mich schließlich erbrach und seinen Schwanz mit auskotzte.

Er störte sich aber nur wenig daran, steckte mir zwei Finger in den Mund, beseitigte die klebrige Pampe, so gut es ging und stieß erneut in mich hinein.

Und so dauerte es nicht lange, bis ich Rotz und Wasser zu heulen begann.

Doch mein Wimmern wurde erstickt von dem Kolben, der immer wieder und unaufhaltsam in meinen Hals fuhr.

Das Stöhnen des Regisseurs, das zwischen meinen Grunz und Würgelauten hindurchdrang, wurde die Belgeitorchestrierung des Dramas, das sich an diesem Platz langsam seinem Höhepunkt näherte. Jenem Platz, an dem an anderen Tagen die Stücke großer Dichter und Denker aufgeführt wurden.

Nun jedoch war es der Mittelpunkt eines etwas anderen Schauspiels geworden.

Ich frage mich noch heute, was Goethe oder Schiller gedacht hätten, wären ihnen dieses Treiben gegenwärtig geworden.

Doch gottlob war es so schnell wieder vorbei, wie es begonnen hatte.

Zwischen meine Tränen mischte sich schließlich das heiße Sperma des Regisseurs, das mir schwallweise in das Gesicht geschossen wurde.

Als all das Ächzen und Jammern schließlich verklungen war, sah ich mit flehendem Blick zu ihm hoch.

Ich war ganz in Erwartung der nächsten Bestrafung gewesen.

Doch sie blieb aus.

»Warum machst du das?«, fragte er mich stattdessen.

Schlagartig war ich verwirrt. Kein Freier hatte sich je um derartige Dinge geschert. Der Schauspieler ausgenommen.

»Weil … weil ich gefallen will, Herr!«, war die einzige Antwort, die mir in den Sinn kam. »Weil ich Respekt will!«

Er schüttelte mit sichtbarem Unverständnis den Kopf. »Weil du Respekt haben willst?«

Er zog mich hoch, sodass ich wieder aufrecht zu stehen kam. Der Griff an meinem Rücken löste sich, sodass all die Spannung in meinem Oberkörper schlagartig wieder von mir fiel.

»Wie kann ich Respekt vor Dir haben, wenn Du vor Dir selbst keinen hast?«, setzte er nach.

Ich hatte keine Antwort darauf parat gehabt.

Im Gegenteil.

Meine Verwirrung begann sich nach und nach ins Unermessliche zu steigern.

»Ich werde Dir zeigen, was Respekt ist!«

Ich zuckte instinktiv zusammen, ganz in der Erwartung, dass etwas Schlimmes passieren würde.

Vielleicht ein Schlag ins Gesicht oder etwas in der Art.

Bisher war das stets das Schema gewesen.

Doch stattdessen begann er sein eigenes Sperma langsam von meinem Gesicht zu lecken.

In meiner grenzenlosen Fassungslosigkeit war ich nicht imstande gewesen, irgendwie darauf zu reagieren.

Da war nur mehr dieses Gesicht vor mir.

Dieses Antlitz, das nun einen beinahe fürsorglichen Ausdruck angenommen hatte und sich langsam auf und ab bewegte. Und dieser Atem, der nach einem Gemisch von Kaffee und Zigaretten roch.

Ich habe Raucher nie besonders gemocht.

Dieser kalte, nach Asche riechende Mief, ist mir noch heute zuwider.

Doch in diesem Moment hatte er etwas Tröstendes an sich gehabt, etwas enorm Beruhigendes.

Der abgestandene Geruch hatte mir tatsächlich so etwas wie Trost gespendet.

Anders vermag ich es nicht auszudrücken.

Am Ende umarmte er mich innig.

Ich versank in diese unerwartete Vertrautheit, ließ mich vollkommen fallen und begann wie ein Kleinkind zu heulen.

Der Regisseur hatte es eine ganze Weile lang geschehen lassen, bis er schließlich mein Gesicht in beide Hände nahm und mir tief in die Augen sah.

»Das ist Respekt!«

Dann wandte er sich um und ging.

Wortlos und leise.

Beinahe wie ein Geist, der schließlich irgendwo hinter dieser Bühne meiner Selbstreflexion verschwand.

Ich selbst blieb wortlos zurück.

Verwirrt und staunend zugleich.

Für diesen kurzen Moment hatte dieser Unbekannte mehr Autorität über mich innegehabt, als sie mein Meister je hätte haben können.

***

Kurz nach meinem neunzehnten Geburtstag bekam ich endlich die Gelegenheit, die Geborgenheit des Elternhauses hinter mir zu lassen und in meine eigene Wohnung zu ziehen.

In mein eigenes Reich, mein Refugium, meine persönliche *Festung der Einsamkeit*, vor allem aber der Verborgenheit.

Denn die Spuren meiner *Aktivitäten* vor meinen Eltern zu verbergen, hatte sich über die Jahre als immer schwieriger erwiesen, vor allem weil meine Verletzungen längst ein Ausmaß erreicht hatten, das nur mehr schwer zu verbergen gewesen war.

Ich trachtete also danach, schnell einen Platz zu finden, an dem ich meine Wunden ungestört ausheilen konnte.

Denn das war bei mir zu Hause kaum möglich gewesen.

Schon am gemeinsamen Abendessen teilzunehmen zu müssen und aufgrund meines schmerzenden Hinterns kaum richtig sitzen zu können, hatte mich stets Gefahr laufen lassen, irgendwann aufzufliegen.

Ich hoffte also, dass durch diesen Schritt mein Leben etwas einfacher und etwas stressfreier werden würde.

Da ich aufgrund meiner Bescheidenheit nie große Ansprüche gestellt hatte, war eine passende und leistbare Wohnung schnell gefunden.

Mein künftiges Zuhause umfasste kaum mehr als fünfundzwanzig Quadratmeter und bestand aus einem Wohn-Schlafzimmer, einer kleinen Küche und einem Bad.

Eben nur das Mindeste.

Die Basisausstattung, die zum (Über)Leben notwendig war.

Neben einem Kleiderkasten war meine persönliche Spielwiese, die aus einem selbstgebauten Bett, das etwa zwei mal zwei Meter umfasste, der einzige Einrichtungsgegenstand.

Mehr war auch nicht nötig. Ich verbrachte ohnehin die meiste Zeit in der Werkstatt oder war mit meinem Meister zu einer unserer *Sessions* unterwegs, wie ich die Kundenbesuche inzwischen zu nennen pflegte.

Natürlich verabsäumte ich es auch weiterhin nicht, meine Eltern regelmäßig zu besuchen.

Schon alleine um den Schein zu wahren.

Ihnen das Gefühl zu geben, dass ihr Sohn nun ein vollkommen normales Leben führte und gut zurechtkam, hatte meinem Gewissen etwas Beruhigung verschafft.

Die Wahrheit war natürlich eine andere.

***

Obwohl ich meinen eigenen Geburtstag nie großartig feierte, ergab sich während unserer abendlichen Streifzüge durch die lokalen Schwulenkneipen die Gelegenheit, dies mit jemanden oder vielmehr für jemand anderen zu tun.

Als wir so bei unseren Bieren saßen, kam ein Mann auf uns zu, dem ich bereits zuvor das ein oder andere Mal begegnet war.

Der noch Unbekannte schien bereits darüber Bescheid zu wissen, wer und vor allem was ich war und vermutlich auch darüber, was es mit E. und mir auf sich gehabt hatte.

Offenbar hatte bereits das ein oder andere Gerücht die Runde gemacht.

So wandte er sich gleich direkt an ihn und ich bekam mit, dass er mich einem Freund, der gerade sechzig Jahre alt wurde, gerne als Geburtstagsgeschenk präsentieren würde.

Das Ganze sollte im Rahmen eines Kaffeeklatsches stattfinden, bei dem etwa sechs Gäste anwesend sein würden.

E. war natürlich von dieser Idee hellauf begeistert, vor allem darum, weil unser Geschäftsmodell während der Wochen davor etwas eingeschlafen war.

Nicht weil es an Angeboten gefehlt hatte.

Es hatte vielmehr an mir gelegen.

Die Begegnung mit dem Regisseur hatte einen tiefen Eindruck bei mir hinterlassen.

Alles, was er mir gesagt hatte, ging mir seit Wochen unentwegt durch den Kopf, sodass ich ständig mit meinem Leben haderte.

Durch meinen Umzug in die neue Wohnung hatte ich immer eine gute Ausrede parat gehabt, was mir recht gut durch diese wankelmütige Zeit geholfen hatte. Doch dieser war inzwischen längst abgeschlossen, sodass mir langsam die Optionen ausgegangen waren.

Ich fügte mich also.

Das alte Schema war wieder zutage gekommen.

Und so war der Preis schnell vereinbart und ein entsprechender Termin für die Feier fixiert.

***

Nachdem wir in der Wohnung des Gastgebers eingetroffen waren, wurde ich von ihm entsprechend instruiert, wie er sich den Ablauf der Feier vorstellte.

Ich sollte den Gästen, allen voran dem Geburtstagskind, in allen Belangen zu Diensten sein. Und das natürlich nackt und mit Handschellen gefesselt.

Mein *Service* sollte das Servieren von Kaffee und des Geburtstagskuchens sowie jede noch so erdenkliche Kleinigkeit umfassen, die man mir auftrug. Als Höhepunkt sollte mich der Jubilar auf einer Matratze ficken, die man in der Mitte des Wohnzimmers drapiert hatte.

Und selbstverständlich sollten alle dabei zusehen können.

Eine Live-Peepshow sozusagen.

Um die richtige Stimmung zu erzeugen, wurde der Raum mit weichem, rotem Licht ausgeleuchtet.

Ich hatte unweigerlich das Gefühl, ich befände mich ein einer Art Privatbordell.

Bevor die Gäste nach und nach eintrudelten, wurde ich angewiesen, mich in der Küche zu verstecken.

Dort lagen bereits weiße Handschuhe und weiße Arm- und Beinmanschetten für mich bereit, die das Gesamtbild eines devoten Serviersklaven entsprechend abrunden sollten.

Mein Meister fesselte mich dieses Mal etwas lockerer, sodass ich genügend Armfreiheit behielt, um meinen Aufgaben nachkommen zu können. Zu guter Letzt befestigte er noch das schmale Lederband an meinem Hals, mit dem er mich einst im Park spazieren geführt hatte.

Wie Sie sich vorstellen können, waren die Erinnerungen an dieses Utensil alles andere als angenehm gewesen.

Nachdem sich die Gäste schließlich eingefunden hatten, wurde eine kleine Tischglocke geläutet, die meinen Auftritt gebührend ankündigen sollte.

Ich nahm die Torte und ging langsam und so sexy wie ich konnte in das Wohnzimmer.

Ein Raunen ging durch die Reihen der Anwesenden, als sich mich zum ersten Mal erblickten.

Es mag zwar in Ihren Ohren absurd klingen, doch in diesem Moment fühlte ich mich wie ein Star. Wie ein Prominenter, dessen bloßes Erscheinen ausreichte, um augenblicklich alle Aufmerksamkeit auf sich zu ziehen.

Besonders das Geburtstagskind schien von mir sehr angetan zu sein.

Ich sah es an dem verzückten Ausdruck, der sich in das Gesicht dieses älteren, sehr gepflegten und durchaus eleganten Mannes gestohlen hatte. Man hatte wohl genau seinen Geschmack getroffen, was mir noch zusätzlich schmeichelte.

Der Gastgeber gratulierte dem Geburtstagskind und teilte ihm darüber hinaus mit, dass ich Pussyboy wäre und ihm an *seinem* Tag jeden Wunsch erfüllen würde.

Dann begann mein Meister einen recht langen Vortrag, indem er all meine Qualitäten anpries. Von meiner außerordentlichen Unterwürfigkeit beginnend bis hin zu meinen Fähigkeiten als guter Bläser und Ficker.

Nun, das mit dem guten Bläser entsprach natürlich nicht ganz der Wahrheit, doch wie immer versuchte er mich so gut zu verkaufen wie nur irgend möglich.

Doch letztendlich reichte das alles aus, um die Party richtig in Schwung zu bringen. Man begann lautstark zu essen und zu trinken und dieses freudige Ereignis zu zelebrieren.

Und während ich gehorsam und stumm meinen Dienst versah, entging mir nicht, dass ich stets das beherrschende Gesprächsthema der Runde war.

Und so dauerte es nicht lange, bis man keine Scheu mehr hatte, mich gemäß meiner mir auferlegten Bestimmung in die Feier zu integrieren.

»Sklave, schenk mir Kaffee nach!« oder »Sklave, bring mir Torte!«, befahl man mir.

Seltsamerweise nannte mich niemand Pussyboy, sondern eben einfach nur Sklave.

Während ich tat, wie mir geheißen, erntete ich den ein oder anderen Klaps auf den Hintern oder eine beiläufige Schwanzmassage, die in ihrer frivolen Gesamtheit schnell dafür sorgte, dass ich eine heftige Erektion bekam.

Als man sich ausreichend an den Speisen und Getränken gütlich getan hatte, verkündete der Hausherr, dass es für das Geburtstagskind nun an der Zeit wäre, den Sklaven richtig durchzuficken, was von allen Anwesenden mit zustimmendem Applaus quittiert wurde.

Dieser zierte sich jedoch.

Offenbar hatte er Sex noch nie in Beisein anderer praktiziert.

E. der all das aufmerksam beobachtet hatte, beschloss

schließlich einzugreifen.

Er hakte seine Leine an meinem Halsband ein, führte mich zur bereitliegenden Matratze, wo ich mich auf den Rücken hinlegen sollte.

Er löste meine Fesseln und hakte die Manschetten an vier Karabinern ein, von denen jeweils zwei an Seilen hingen, die unter der Matratze dahinliefen.

Ich lag also da, mit leicht angehockten Beinen und fixierten Armen, vollkommen wehrlos und bereit, dem Geburtstagskind zu Willen zu sein.

»Ich bin der Meinung«, begann einer der Gäste plötzlich lautstark, »Wir haben uns den Kuchen geteilt, jetzt sollten wir uns auch den Sklaven teilen, oder?«

Ich sah in die Runde und erkannte, wie alle zustimmend zu nicken begannen.

Damit hatte ich nicht gerechnet.

Ich wandte mich mit fragendem Blick an meinen Meister, sah aber schnell, dass er von dieser Idee überaus begeistert war.

Und so fielen alle Hüllen und die Gäste nahmen um mich herum Aufstellung.

Wohin ich auch sah, überall nur erigierte Schwänze, die drohend über mir baumelten.

»Wie es ihm jetzt wohl geht?«, fragte einer in die Runde.

»Keine Ahnung, frag ihn!«

»Ich würde jetzt nicht in seiner Haut stecken wollen!«

Eine ganze Kanonade von Fragen donnerte auf mich nieder.

Doch als ich mich anschickte zu antworten, kam mein Meister mit einer Rolle Klebeband auf mich zu und klebte mir den Mund zu.

»Er schreit immer recht laut! Das wollen wir den Nachbarn nicht antun!«, rechtfertigte er diese Maßnahme.

Keine stellte dies infrage.

»Dann last uns loslegen!«, frohlockte ein anderer. »Das Geburtstagskind hat natürlich den Vortritt!«

Durch die nun vorherrschende kollektive Zügellosigkeit hatte der zuvor noch so schüchterne Angesprochene offenbar seine Scheu verloren und schritt schließlich tatsächlich zur Tat.

Nachdem er mich ausgiebig gefickt, aber noch nicht gekommen war, überließ er mich dem nächsten, der sich sogleich an mir austobte.

Ich muss aus heutiger Sicht sagen, dass es nicht als unangenehm empfand.

Im Gegenteil.

Zum einen waren sie nicht so brutal, wie ich es bisher gewohnt war, zum anderen sorgten die unterschiedlichen Penisgrößen für reichlich Abwechslung. Bekam ich zum Beispiel einen dicken Lümmel verpasst – was natürlich recht schmerzhaft war – folgte darauf zumeist ein etwas Kleinerer, was mir wiederum etwas Zeit verschaffte, mich entsprechend zu erholen und mein Lustempfinden wiederzugewinnen.

Und während mich nur jeweils einer vögelte, taten sich die anderen an mir dahingehend gütlich, indem sie mich ausgiebig betatschten, mit meinen Nippeln spielten, meine Hoden quetschten oder mir einen ihrer Schwänze in den Mund steckten.

Doch selbst dabei waren sie recht behutsam.

Keiner von ihnen hatte offenbar das Bedürfnis gehabt, mir sein Ding bis zum Anschlag reinzurammen.

Darüber war ich sehr erleichtert.

Und so lutschte ich recht befreit an fast einem halben Dutzend Eicheln, begleitet vom Klatschen diverser Leisten gegen meinen Hintern.

Langsam aber unaufhaltsam schwang sich dieser Gangbang, der gleichwohl mein erster war, seinem Höhepunkt entgegen. Ich kann heute nur mehr schwer sagen, wie lange sich die Runde an mir vergnügt hatte.

Zwei, vielleicht auch drei Stunden?

Die Zeit war tatsächlich wie im Flug vergangen.

Das Schönste dabei war, dass sich alles sich nur um mich gedreht hatte.

Ich war zum Mittelpunkt allen Seins geworden.

In diesem Strudel aus grenzenloser Lust, diesem Wirbelsturm der Zügellosigkeit war ich das Zentrum des sich drehenden Kreises; das Epizentrum einer ganzen Kaskade von Orgasmen, die nach und nach auf mir niedergingen.

Meine Brust, mein Bauch und der Bereich um meine Genitalien trieften am Ende vor heißer Wichse. Ich schwamm in einem Meer aus Sperma und Schweiß.

Als alle fertig waren, kam natürlich auch noch mein Meister zum Zug.

Ich nahm es kaum mehr wahr. Die vorangegangene Erfahrung ließ mir noch immer den Sabber aus den Mundwinkeln laufen und ich fühlte mich wie in Trance, während sein kleiner Schwanz kaum mehr merklich in mich hineinhämmerte.

Nachdem er schließlich zu Ende gekommen war, demonstrierte er noch, was man mit mir noch so machen konnte. Er kratzte und biss mich, während er mit der offenen Handfläche an meiner Eichel rieb.

Ich kannte diese Art der Stimulation bereits und empfand sie enorm unangenehm, ließ es mir jedoch nicht anmerken.

Nach einer Weile bekam ich schließlich ebenfalls einen Orgasmus. Nicht weil mir seine Behandlung so gut gefiel, sondern weil ich der unumstößlich naiven Meinung war, ich wäre es dieser Runde – meinen Groupies, meinen Fans – einfach schuldig.

Aus der Sicht eines Außenstehenden klingt das vermutlich dumm. Und wenn ich heute darüber nachsinne, war es das vermutlich auch. Doch zu diesem Zeitpunkt empfand ich tatsächlich so.

E. hatte mich über eine lange Zeit hinweg so konditioniert.

Ich wollte stets nur Bestätigung, stets nur Anerkennung, stets nur Respekt. Und dies schien mir zu jener Zeit die einzige Möglichkeit, ihn auch zu bekommen.

***

Spät abends, als ich wieder alleine in meinem Bett lag und über die Ereignisse dieses Tages nachsann, kam mir plötzlich wieder der Regisseur in den Sinn. Seine mahnenden Worte, seine Lektion, während es mir wie Schuppen von den Augen fiel.

Hatte er recht gehabt?

Hatte ich tatsächlich keinen Respekt vor mir selbst?

War ich verdammt, weil ich mich hatte verdammen

lassen?

War E. die Ursache all dieser Verdammnis. Oder folgte ich einfach nur meiner Prägung, meiner Konditionierung, welche, lange bevor ich bewusst zu denken imstande gewesen war, begonnen hatte.

Damals, in den düsteren Stunden im Kinderheim.

Fragen, die stetig mehr nach einer Antwort verlangten.

KAPITEL VII
PUSSYBOY

Ich konnte natürlich nicht ahnen, dass diese Geburtstagsparty Folgen für mich haben würde. Bisher war kaum etwas, was sich zwischen mir, meinem Meister oder meinen Freiern zugetragen hatte, nach außen gedrungen. Wie ich bereits sagte: Die Schwulencommunity war seit jeher eine recht verschwiegene Gemeinschaft. Wie bereits erwähnt, war ich mir recht sicher gewesen, dass das ein oder andere Gerücht längst die Runde gemacht hatte, doch ich war mir ebenfalls sicher, dass niemand richtig Bescheid wusste.

Doch all das änderte sich an einem einzigen Tag.

Wir saßen wieder einmal in unserer Stammkneipe, genossen unser Bier, sprachen über dies und das und hatten eigentlich vorgehabt, den Abend ruhig ausklingen zu lassen.

Nun trug es sich jedoch zu, dass an diesem Tag sowohl der Gastgeber wie auch das Geburtstagskind dieser recht ausufernden Party anwesend waren.

Und es dauerte nicht lange, bis sie inmitten dieser alkoholgeschwängerten Atmosphäre lautstark vor allen damit zu prahlen begannen, was sich während dieser schweißtreibenden Stunden alles zugetragen hatte.

Ihre Schilderungen waren derart detailliert, dass ich mich schlagartig an diesen Tag zurückversetzt fühlte.

Ich hatte zu Beginn eigentlich kein Problem damit, jedoch verlagerte sich das Gespräch dann stetig mehr auf meine Person.

Irgendwann wurde jedem Anwesenden schließlich verkündet, dass ich ein Lustsklave wäre, mit dem man so gut wie alles machen konnte und vor allem, dass ich auf den Namen Pussyboy hörte.

Ich hatte diesen Namen seit jeher gehasst.

Schlagartig lasteten alle Blicke auf mir; durchbohrten mich mit einer Eindringlichkeit, die in mir sofort jenen Fluchtreflex wachrief, den ich ansonsten nur in fremden Umgebungen verspürte.

Damit hatte ich nicht gerechnet.

Der Schleier war also gelüftet worden.

Das Geheimnis war keines mehr.

Und nun wusste jeder in meinem direkten Umfeld, wer ich war.

Fortan nannte man mich auch nur mehr Pussyboy.

Selbst wenn ich mir nur ein Bier bestellte, kam es mit den Worten »Prost, Pussyboy!« auf den Tresen.

Vor allem das Interesse der anderen Stricher, mit denen ich mich – wenngleich auch recht oberflächlich – angefreundet hatte, war schlagartig geweckt worden.

Man fragte mir bei jeder Gelegenheit Löcher in Bauch. Vor allem in Hinblick auf mein Honorar, das ich für solche Praktiken erhielt, aber auch, was genau ich im Detail dafür anbieten würde.

Für die meisten von ihnen war ein derartiges Service natürlich undenkbar.

Sie hatten bereits erhebliche Probleme mit dem, was diverse Freier ihnen Tag für Tag abverlangten. Auf die nächsthöhere Stufe der Selbsterniedrigung aufzusteigen, war für sie also undenkbar gewesen.

Selbst für die Drogenabhängigen unter ihnen.

Doch einer von ihnen schien es tatsächlich ernst zu meinen.

Er nahm mich einige Tage später beiseite und wollte wissen, ob er diese Praktiken irgendwo erlernen könnte.

Ich verwies ihn sogleich an meinen Meister, der erwartungsgemäß von dieser Idee gleich angetan war.

Der Gedanke daran einen zweiten Sklaven ins Spiel zu bringen und dadurch seine Einnahmen zu steigern, war natürlich sehr reizvoll für ihn.

Darüber hinaus war der neue Aspirant recht gutaussehend.

Nicht nur weil er viel größer war als ich, er verfügte auch über eine sportliche, um nicht gar zu sagen athletische Figur, was ihn in seiner Gesamtheit zu einem wahren Leckerbissen machte. Neben mir dürren Knochen wirkte er wie ein Adonis, der irgendeiner Hochglanz-Masturbationsvorlage entsprungen war, die man während dieser Zeit lediglich unter der Hand am Kiosk an der Ecke erwerben konnte.

Und er war wesentlich jünger als ich gewesen und hatte somit auch die Zeit auf seiner Seite.

Abgesehen davon war er offensichtlich naiv genug gewesen, um nicht einmal erahnen zu können, worauf er sich da eingelassen hatte.

Denn E. hatte schnell den Plan gefasst, den Neuling gleich ins kalte Wasser zu stoßen.

Um ihn gleich zu Beginn zu verdeutlichen, was es bedeutete Sklave zu sein, entschied er kurzerhand, unserem ach so geliebten Psychosadisten aufzusuchen; also jener reiche Typ mit der sündteuren Folterkammer samt

Andreaskreuz, Käfig und der üppigen Dildosammlung.

Ich hatte kein gutes Gefühl dabei.

Als ich diesem Schrank mit seinem Elefantenschwanz zum ersten Mal begegnet war, hatte ich bereits einschlägige Erfahrung gesammelt. Ein Monster wie ihn auf einen Jungspund wie meinen vermeintlich Sklavenkollegen loszulassen hielt ich für keine gute Idee.

Doch wer war ich, dass ich etwaige Bedenken hätte geltend machen dürfen?

Ich war nur Pussyboy.

Ich hatte zu gehorchen.

***

Wir begaben uns also erneut in die Höhle des Löwen.

An die Stätte der Verdammnis.

Den Ort absoluter moralischer Verkommenheit.

Kaum hatte uns der Hüne die Tür geöffnet, brüllte er seltsamerweise nur mich an. Meinen neuen Leidensgefährten schien er bewusst zu ignorieren.

Warum ich mich noch nicht ausgezogen habe, wollte er wissen.

Die unverhohlene Aggression in seiner Stimme fuhr mir wie ein Blitzschlag ins Gebein.

Erinnerungen wurden wieder wach, schmerzhafte Erinnerungen. Und während sich erneut ein dumpfes Ziehen in meiner Magengegend breitmachte, entschuldigte ich mich artig und nur ein paar Sekunden später stand ich vollkommen nackt da.

Und dann fiel es mir wie Schuppen von den Augen.

Man hatte nicht vor, den Neuling einer Lektion zu unterziehen.

Vielmehr sollte an mir demonstriert werden, was auf ihn zukommen könnte, falls er tatsächlich entschied, diesen Weg einzuschlagen.

Ohne dass ich es auch nur geahnt hatte, war ich erneut auf die Schlachtbank befördert und dem Wolf zum Fraß vorgeworfen worden; einzig und allein dazu bestimmt, den schier unstillbaren Hunger dieses Soziopathen zu stillen.

Und so ging es erneut los.

Ich wurde wieder in die Folterkammer geführt und an das Andreaskreuz gebunden.

Mein Meister übergab den Sadisten einen Flogger, mit dem sie sofort begannen, mich auszupeitschen.

Doch dieses Mal gab es kein vorsichtiges Herantasten, keine allmähliche Steigerung von sanft zu hart. Dieses Mal droschen sie mit einer Vehemenz auf mich ein, die mich glauben ließ, sie würden mir die Haut vom Körper reißen wollen.

Ich schrie wie am Spieß und heulte wie ein Schlosshund.

Doch je mehr ich das tat, umso schlimmer wurden die Hiebe.

In den wenigen Minuten, die dieses Martyrium gedauert hat, haben sie mich richtig fertiggemacht. Ich glaube mich sogar erinnern zu können, dass ich für einen kurzen Moment das Bewusstsein verloren habe.

Als ich mich später zu Hause im Spiegel betrachtete, sah ich die schlimmsten Blutergüsse, die ich mir je zugezogen hatte. Mein gesamter Rücken und auch mein Hintern waren nicht mehr rot, sondern tiefblau.

Der Neue, auf den nun mein zweiter Name *Äffchen* übertragen worden war, sah sich das Schauspiel nicht lange an, winkte schließlich ab und sagte, dass er so etwas niemals mitmachen würde.

E. war merklich enttäuscht.

Es war unübersehbar, dass er diesen gutaussehenden Kerl, der vermutlich mehr Geld als ich einbringen würde, unbedingt behalten wollte.

Und so gebar er schließlich die perfide Idee, dass er für den Fall, dass Äffchen etwas falsch machen würde, nicht ihn, sondern mich bestrafen würde. In meinem Fall wäre das nicht so tragisch, da ich das alles bereits kenne, lautete seine ernüchternde Begründung.

Ich war entsetzt.

War wie betäubt.

Nachdem man diesen entsetzlichen Plan ausgeknobelt hatte, ließ man sich irgendwann dazu herab, mich loszubinden.

Um meinen geschundenen Körper kümmerte sich keiner.

Doch es kam noch besser.

Mein Meister entschied darüber hinaus, dass Äffchen nun auch einen Rang über mir stünde. Das bedeutete: Für den Fall, dass er nicht anwesend sei, hätte Äffchen das Sagen und ich müsste alles tun, was er mir befielt.

Mir fehlten endgültig die Worte.

Ich hatte Jahre der Strapazen und Entbehrungen auf mich genommen und jede erdenkliche Erniedrigung über mich ergehen lassen, nur um letztendlich mitansehen zu müssen, dass irgend so ein Neuling mir von einem Moment auf den anderen den Rang abläuft.

Doch wie üblich schob ich meinen Groll zur Seite und sagte nichts.

Ich gehorchte.

War bedingungslos zu Willen.

Der winzige Keim der Rebellion, den diese Dreistigkeit einen kurzen Moment in mir gesät hatte, erstarb wieder innerhalb weniger Sekunden.

Äffchen wurde schließlich an einem Bock festgebunden und von meinem Meister und dem Kunden ordnungsgemäß durchgefickt.

Es geschah zwar nicht auf die sanfte Tour, denn die beiden gingen richtig hart zur Sache; es war jedoch offensichtlich, dass er mit dieser Art von Sex bereits über genügend Erfahrung verfügte und davon nicht besonders beeindruckt zu sein schien.

Als sie mit ihm fertig waren, musste ich meinerseits auf den Bock.

Nun sollte Äffchen mich vögeln, was er schließlich auch tat.

Bei meinem wunden Hintern war das kein Spaziergang.

Überraschenderweise hielt Äffchen sich weitgehend zurück, da er offenbar über genügend Einfühlungsvermögen verfügte, um zu wissen, wie es mir in diesem Moment zumute war.

Den beiden anderen war das schnell zu langweilig geworden.

Resultierend aus dieser Unzufriedenheit wurde Äffchen schließlich angewiesen, ins Schlafzimmer zu gehen und sich auf den Rücken zu legen. Ich musste mich auf ihn setzen, mir seinen Schwanz reinstecken und mich nach vorne beugen.

Und während der Schönling begann, mich vorsichtig zu ficken, steckte mein Meister sein Ding auch noch mit hinein.

Ich wurde also von zwei Prügeln gleichzeitig durchgenommen, was in Anbetracht meines bereits angeschlagenen Zustandes grenzwertig war.

Man vögelte mich gut eine Stunde, bevor man schließlich mit mir fertig war.

Von da an schwieg ich nur mehr.

Ich war tief in mich versunken, während mein gesamter Körper schmerzte.

Wieder einmal.

Schlimmer jedoch war der Umstand, dass man mich so deutlich hatte spüren lassen, dass ich nun tatsächlich am Ende der sprichwörtlichen Nahrungskette stand.

Ich war das Objekt, an dem sich nun jeder nach Lust und Laune abreagieren konnte.

Selbst Äffchen.

Ich war Pussyboy.

Jener eine, der am Ende dieser fatalen Hierarchie stand.

Ich war zwar nie das Alpha gewesen, bestenfalls ein Gamma, doch nun war ich noch weniger als das.

Ein Omega.

Fallobst.

Einer, dem man sich ohne zu zögern entledigen konnte, wann immer man wollte. Als ob man eine lästige Gewohnheit einfach abschütteln würde.

Hätten wir uns noch in der düsteren Epoche der Sklaverei befunden, wäre ich in diesem Moment ansatzlos vom Haussklaven zum Feldsklaven degradiert worden; verbannt in Nässe, Schmutz und Kälte, dazu verdammt bis zu meinem Ende im Schweiße meines Angesichts zu schuften.

In dieser Situation erwog ich zum ersten Mal ernsthaft auszusteigen.

Alles hinter mir zu lassen.

Diesem Dasein endgültig zu entsagen und meiner Wege zu gehen, hin zu einem Leben jenseits all dieser Gewalt und Demütigungen.

Ich malte mir bereits aus, wie es wäre, E. mit den Worten, er sollte sich verpissen, in die Wüste zu schicken; samt seiner verruchten Klientel von Wahnsinnigen oder solchen, die es noch werden wollten.

Denn ich konnte mir beim besten Willen nicht vorstellen, dass ich das noch länger ertragen konnte oder wollte.

Mein Verstand begann zu rasen.

Ich war Teil dieser Runde und dennoch ein Ausgeschlossener.

Bestenfalls ein Gegenstand, ein Objekt, ein willenloses Werkzeug.

Ein Etwas.

Als wir Psycho schließlich wieder verlassen hatten, gingen mir seltsamerweise nicht die Ereignisse von vorhin durch den Kopf. Meine Gedanken begannen um etwas zu kreisen, das mit alldem hier nichts zu tun hatte.

Meine Gesellenprüfung stand in Kürze an. Ein Ereignis, das dort draußen in der wirklichen Welt stattfand und nicht hier in unserer Enklave der Verdorbenheit.

Vielleicht ein erstes Indiz, dass in mir bereits ein Umdenken stattfand?

Sehnte ich mich tatsächlich nach etwas anderem?

Etwa nach einem normalen Leben?

Nach Partnerschaft, Langeweile und Tod?

Doch noch war ich unschlüssig.

Mit mir selbst nicht im Reinen.

Ich war nach wie vor gefangen in dieser Parallelwelt, an die beinahe mein gesamtes Denken und Trachten gebunden war.

***

Als nun die Zeit meiner Gesellenprüfung anstand, beschloss mein Meister, dass er mich vorübergehend aus unseren Geschäften herausziehen würde, sodass ich mich für eine Weile nur darauf konzentrieren konnte.

Äffchen sollte für eine Weile meinen Platz einnehmen.

Ich war natürlich dankbar dafür. So ersparte ich mir zum einen die Zeit, die ich nach den kräfteraubenden Sessions benötigte, um mich zu erholen und entging auch für eine Weile diesem neuen, hierarchischen Schema, das mir selbst nach dem ich ein wenig Abstand gewonnen hatte, noch immer nicht so recht gefiel.

Überraschender jedoch war der Umstand, dass E. während meiner Vorbereitungszeit akribisch darauf geachtet hat, dass ich gut vorbereitet in diese Prüfung gehen würde. Er verbrachte den Großteil unserer gemeinsamen Arbeitszeit damit sicher zu gehen, dass ich all das Gelernte gut genug verinnerlicht hatte, um so auf alle Fälle zu bestehen. Er gab sich tatsächlich richtig Mühe und griff mir bei jedem noch so kleinen Problem unter die Arme.

Während dieser Zeit erwuchs in mir sogar der Eindruck, seine Gefühle für mich würden über das bisherige Meister-Sklavenverhältnis hinausgehen und dass er tatsächlich Interesse an dem Menschen Daniel hätte.

Während ich noch kurz zuvor die Absicht gehegt hatte, unser Bündnis aufzulösen, musste ich währenddessen feststellen, dass unser Band sogar noch enger geworden war.

Ob E. lediglich aus opportunistischen Gründen so gehandelt hat, nur um mich weiter an der Leine zu halten, weiß ich bis heute nicht. Ich habe ihn auch nie danach gefragt, wohl ahnend, dass er mir darauf keine ehrliche Antwort geben würde.

Mein Meister war seit jeher schwer zu durchschauen gewesen.

Zeitweilig hatte ich das Gefühl, dass seine Persönlichkeit zwei Facetten hatte. Zum einen dieser Sadist, der vor keiner Gewalttat zurückschreckte, zum anderen jedoch dieser beinahe väterlich wirkende Freund, der er zeitweilig auch war.

Er war und ist mir auch heute noch ein Rätsel.

Doch wie auch immer. Letztendlich bestand ich die Prüfung und das noch dazu mit einer recht guten Note.

Ich war nun endlich Geselle. Kein Lehrling mehr.

Dank seiner Hilfe.

Und ich dankte es ihm, indem ich weiter sein Sklave blieb.

Ein schlechtes Geschäft, nicht wahr?

Doch so war ich nun mal gepolt. Ich habe selbst geringe

Gefälligkeiten stets mit allem, was ich aufbringen konnte, vergolten.

Ich habe stets alles gegeben.

Und ich bin mir sicher, E. wusste das.

Er kannte sein Produkt inzwischen gut genug, um zu wissen, wie er es nach gut Dünken lenken konnte, wie auch immer es ihm gefiel.

Unser Band hielt sogar, als ich kurze Zeit darauf die Werkstatt verließ und mich beruflich neu orientierte.

Ich habe seit diesem Tag nie wieder etwas gepolstert.

***

Einige Zeit später traf sich das neue *Triumvirat* in unserer Stammkneipe.

Da keine potenziellen Kunden in Aussicht waren, herrschte gähnende Langweile. Und bekannterweise bringt Langeweile zumeist nur Unfug hervor.

Mir war bereits zu Beginn aufgefallen, dass Äffchen an diesem Tag einen besonders coolen Sweater trug.

Ein grelles Ding, das jedem Betrachter sofort ins Auge stach.

Ich war, ganz wie es meinem bescheidenden Naturell entsprach, eher schlicht gekleidet und trug einen unauffälligen, blauen Hoodie. Damals hat man es natürlich noch nicht so genannt, aber sei´s drum.

Überraschenderweise war Äffchen von diesem sehr angetan. Vielleicht darum, weil er inzwischen wohl Gefahr lief, an Augenkrebs zu erkranken, wenn er den Fehler beging, sich zu lange im Spiegel zu betrachten.

Als die Stimmung schließlich mit steigendem Bierkonsum langsam dem Höhepunkt entgegenstrebte, beschlossen wir kurzerhand die Dinger zu tauschen. Wie die Mitglieder eines Fußballteams nach dem Schlusspfiff.

Da wir darunter keine T-Shirts trugen, entlockte dieser Vorgang so manchem Stammgast den ein oder anderen begehrlichen Blick, was uns aufgrund unseres leicht angetrunkenen Zustandes noch mehr anspornte.

Besonders Äffchen war der Blickfang schlechthin. Wir ließen uns also reichlich Zeit, die getauschten Kleidungsstücke wieder anzuziehen und gaben uns halb nackt dem Glotzen der Menge hin.

Bis schließlich der Barkeeper auf uns zukam.

Wir zogen uns hastig wieder an, während unser Meister sich aufrichtig für den vorangegangenen Affront entschuldigte. Da die Sitte in diesem Lokal regelmäßig aufschlug, waren derartige Zurschaustellungen nicht gerne gesehen. Immerhin befanden wir uns im Deutschland der Achtziger, in denen die wilden Achtundsechziger kaum stattgefunden hatten oder inzwischen längst vergessen waren.

Dieser jedoch winkte ab und meinte, *dass das alles gar nicht so schlecht gewesen wäre.*

Wir blickten ihn allesamt erstaunt an.

Nach kurzem Zögern grinste er und sagte: »Ich hätte da so eine Idee!«

Dann unterbreitete er uns den Vorschlag, dass wir im Rahmen der sonntäglichen Happy Hour, in der es das Bier zum halben Preis gab, eine kleine Stripshow abhalten könnten. Er würde dazu eine geschlossene Veranstaltung melden, sodass wir freie Hand hätten und vielleicht auch halb nackt oder gar nackt durch das Publikum laufen könnten.

»So werde ich den Laden sicher mal wieder vollkriegen!«, schloss er seinen kurzen Vortrag, während seine Augen zu leuchten begannen.

Mein Meister war natürlich begeistert.

Mir hingegen gefiel diese Idee überhaupt nicht.

Für derartige Dinge musste man über eine stark ausgeprägte exhibitionistische Ader verfügen und bei mir war das keineswegs der Fall.

Äffchen hingegen schien daran durchaus Gefallen zu finden.

Er hatte es schon immer genossen Blicke auf sich zu ziehen.

Das nun auf einer Bühne vor versammeltem Publikum erfahren zu können, ließ ihm vor Erwartung erschaudern. Man hatte es ihm deutlich angesehen.

Ich hingegen zögerte noch eine ganze Weile.

Da ich jedoch nach wie vor das Gefühl hatte, ich wäre E. für seine Hilfe bei meiner Gesellenprüfung noch etwas schuldig, willigte ich schließlich widerwillig ein.

Doch schon der Gedanke an diesen Unfug bereitete mir bereits im Vorfeld zahlreiche schlaflose Nächte, sodass meine Laune stetig schlechter wurde.

***

Als der Tag der Aufführung gekommen war, war meine Nervosität längst ins Unendliche gestiegen.

Doch damit stand ich weitgehend alleine da.

Denn Äffchen hingegen war bester Stimmung und konnte es kaum mehr erwarten.

Der Inhaber hatte unsere Stammkneipe entsprechend herausgeputzt, sodass wir beim Betreten feststellten, dass wir uns in einer kleinen Arena befanden. Alle Tische und Sofas waren in Richtung der Bühne, die eigentlich eine kleine Tanzfläche war, ausgerichtet worden, auf der wiederum ein kitschiger, weißgoldener Flügel stand. Ich denke nicht, dass dieses Ding jemals bespielt worden war, sondern einfach als Dekoration für den ohnehin bereits etwas billig wirkenden Laden diente.

Unser Meister sprach kurz den Ablauf dieser *Soiree* mit dem Inhaber ab und verlautbarte dann, dass wir uns einfach auf die Bühne begeben und uns tänzerisch ausziehen sollten.

Der zweite Teil sollte aus einer kleinen Publikumsrunde bestehen, die wir natürlich splitterfasernackt absolvieren sollten.

Und da wir vorher nichts davon geübt hatten, wurden wir angehalten, einfach zu improvisieren.

»Und dann sehen wir einfach weiter!«, sagte E. abschließend.

Ich ahnte bereits, worauf das hinauslaufen würde, ließ mir aber nichts anmerken.

Es dauerte nicht lange, bis die kleine Spelunke bis auf den letzten Platz gefüllt war.

Der Altherrenklub, der den Laden üblicherweise zu bevölkern pflegte, war dank des vergünstigten Bierangebots bereits bester Stimmung und forderte lautstark den Beginn der Show.

Bereits Stunden bevor es losging, war mir speiübel gewesen.

Doch es gab kein Zurück mehr.

Wir marschierten schließlich in Begleitung der damaligen Schwulenhymne »Er gehört zu mir« unter tosendem Beifall auf die sogenannte Bühne und begannen unsere Show.

Während ich unter eher ungelenkem Hüftwackeln versuchte, meine Kleider so sexy wie ich nur konnte, loszuwerden, war Äffchen längst zur Hochform aufgelaufen und heizte der grölenden Menge richtig ein.

Als wir uns schließlich unserer Gewänder entledigt hatten, absolvierten wir die geplante Runde durch die dicht gedrängten Zuschauer.

»Ihr könnt die Schlampen natürlich auch anfassen!«, verkündete E. von der Bühne herab.

Es wurde ein regelrechter Spießrutenlauf.

Wieder einmal.

Von allen Seiten drängte sich mir eine schier unüberschaubare Anzahl von Händen entgegen. Jeder wollte für einen kurzen Moment meinen Schwanz zu fassen bekommen oder mich in den Hintern kneifen, während suchende Finger danach trachteten, meinen Anus zu erkunden. Ein Klaps auf den Hintern folgte dem nächsten, während jedwede Hemmung längst von den Zuschauern abgefallen war.

Dann betrat mein Meister die Bühne und brüllte lautstark in die angetrunkene Menge, dass es nun endlich an der Zeit wäre, dass Äffchen mich ficken soll.

Der Beifall kannte nun keine Grenzen mehr.

Sprechchöre begannen sich zu bilden.

» Pussyboy … ficken!«, wurde im Kanon aufgefordert.

Und dieser ließ sich nicht lange bitten.

Während ich verdutzt um mich sah, packte Äffchen mich am Handgelenk und zog mich mit sich.

Dann lehnte er mich gegen diesen Kitschflügel, spuckte mir auf den Hintern, verrieb alles auf meinem Anus und begann mich richtig hart von hinten zu vögeln.

Mein Blick richtete sich ins Leere, suchte an der Wand gegenüber einen Punkt, mit dessen Hilfe ich das Geschehen um mich herum ausblenden konnte.

Es funktionierte.

Die Anfeuerungsrufe verschwammen zu einer Kakofonie an Lauten, die sich in ihrer Gesamtheit wie das dumpfe Pochen unzähliger Herzen ausnahmen. Ich war nun in meiner eigenen Realität, in der selbst das Klatschen, das von meinem Hintern zu mir nach vorne drang, nicht mehr wahrnehmbar geworden war.

Als Äffchen schließlich seinem Höhepunkt nahekam, stoppte er plötzlich.

Er packte mich am Genick, richtete mich auf und dreht mich in Richtung der johlenden Menge.

Und dann geschah etwas, womit ich nicht gerechnet hatte.

Er küsste mich.

Es war kein gespielter Kuss, kein Schauspiel, das er für die anderen abhielt.

Nein, er küsste mich derart innig, dass meine Knie weich wurden und ich jeden Moment drohte umzukippen.

Ich weiß nicht, wie lange es dauerte, doch ich verlor mich vollkommen darin.

Erst als eine schier unendlich scheinende Zeitspanne verstrichen war, lehnte er mich wieder gegen den Flügel und beendete, was er begonnen hatte.

Doch selbst das warme Sperma, das sich auf meinen Hintern und meinen Rücken ergoss, war nicht imstande, mich wieder in das Hier und Jetzt zurückzuholen.

Dafür sorgte letztendlich jemand anderer.

Als Äffchen schließlich von mir ließ, betrat der Meister wieder die Bühne; mit einem Glas Bier in der Hand, das er sogleich in einem Zug leerte.

Dann ging er daran, mir einen runterzuholen, während er das Glas unter meinen Schwanz hielt.

Noch immer durchströmt von den Eindrücken von vorhin, hatte ich den heftigsten Orgasmus meines Lebens.

Schwall um Schwall ergoss sich über die Reste von Bierschaum, während ich heftig keuchend die jaulende Anerkennung der Zuschauer ernten durfte.

Ich hoffe, Sie verstehen die Ironie in diesen Worten.

Dann musste ich mein eigenes Sperma trinken.

Nicht, dass ich etwas dagegen hatte. Schließlich war es nicht das erste Mal gewesen. Doch dieser profane Vorgang holte mich letztendlich wieder in das Hier und Jetzt zurück.

Als es getan war, kam Äffchen auf mich zu und legte mir sanft die Hand auf die Schulter.

Es lief mir kalt den Rücken hinunter.

KAPITEL VIII
LIEBE & ABSCHIED

Einen Tag nach unserem ominösen Auftritt kam Äffchen zu mir in die Wohnung.

Ich hatte ihn, unmittelbar nachdem wir die Kneipe verlassen hatten, darum gebeten.

Ich war mir zu diesem Zeitpunkt bereits sicher, dass er wusste, worauf ich hinauswollte, sodass er sofort eingewilligt hatte.

Wir saßen einander dann eine ganze Weile schweigend gegenüber, bis ich mir schließlich einen Ruck gab und ihn direkt auf den Kuss ansprach. Ich wollte wissen, warum er das getan hatte und sagte ihm ganz unverhohlen, dass mich sein Handeln extrem verwirrt und fragend zurückgelassen hatte.

Und ich gestand ihm etwas beschämt, dass ich während der letzten Nacht kein Auge zugetan hatte.

Er hörte sich das alles mit stoischer Ruhe an, antwortete aber nicht darauf.

Stattdessen begann er zu grinsen und küsste mich erneut.

»Weil ich mich in Dich verliebt habe, Du Dummkopf!«, antwortete er schließlich. »Wie kann man das nicht kapieren?«

Nun war ich endgültig perplex gewesen.

Schon die bloße Annahme oder vielmehr die Hoffnung darauf, dass sich ein derart gut aussehender, sportlicher und allseits beliebter Schönling in mich verlieben könnte, war etwas, das bis dahin in meinem Universum keinen Platz gehabt hatte.

Ich habe ja bereits des Öfteren erwähnt, dass ich mich selbst nicht für besonders attraktiv gehalten habe; vielmehr für einen dürren Knochen mit keinerlei herausragenden Attributen.

Und Äffchen spielte aus meiner Sicht in einer ganz anderen Liga, so einfach war das.

Von seinen rein äußerlichen Reizen abgesehen, hatte er darüber hinaus einen äußerst prächtigen Schwanz. Ein leicht gebogenes Ding, das sich hervorragend dafür eignete, es gegen den Bauch klatschen zu lassen.

Ich hatte ihn ungeachtet der Tatsache, dass er über mir stand, stets gemocht und natürlich auch begehrt. Der Gedanke daran, dass das auf Gegenseitigkeit beruhen könnte, wäre mir nie in den Sinn gekommen.

Und jetzt sollte dieser Adonis tatsächlich etwas für mich empfinden? Sich gar in mich verliebt haben?

Es dauerte eine ganze Weile, bis ich mich tatsächlich mit dem Gedanken abgefunden hatte, dass er es tatsächlich ehrlich mit mir meinte.

Ich hatte lange darüber gerätselt, was die Menschen um mich herum von Schmetterlingen im Bauch oder einem Himmel voller Geigen faselten.

Doch nun hatte ich eine Ahnung, was damit gemeint war.

Doch die Sache hatte einen fundamentalen Makel.

Unseren Meister.

Ich ging nicht davon aus, dass er allzu erfreut darüber sein würde, dass sich seine beiden Einkommensquellen ineinander verliebt hatten.

Im Gegenteil.

Meine Einschätzung war zu jener Zeit, dass er alles in seiner Macht stehende unternehmen würde, um diese aufkeimende Liebschaft sofort wieder im Keim zu ersticken.

Es war eine gefährliche Fallgrube.

Für uns beide.

Denn zu diesem Zeitpunkt hätte ich es noch nicht verwinden können, wenn er mich einfach weggeschickt hätte.

Und hätte er sich statt von mir von Äffchen getrennt, wäre das nicht minder schmerzvoll gewesen.

Wir beschlossen also, es vorerst geheim zu halten, unserem Meister nichts davon zu sagen und uns, so gut es eben ging, unauffällig zu verhalten.

Denn immerhin hatten wir noch die Momente in meiner Festung der Einsamkeit; und wenn wir uns geschickt genug anstellten, würde er niemals dahinterkommen.

Er kam auch niemals dahinter.

Das musste er auch nicht.

Denn das Schicksal hatte etwas anderes für uns beide vorgesehen.

***

Die nächsten fünf Monate fühlte ich mich wie im siebten Himmel.

Da unsere Stripeinlage mit Zusatzleistung inzwischen über die Kneipe hinaus die Runde gemacht hatte, waren wir innerhalb der Szene zu kleinen Stars geworden, die man recht gerne buchte.

Unser Meister hatte natürlich längst Lunte gerochen

und daher beschlossen, dass ich meine üblichen Dienste für eine Weile sein lassen sollte, um mich ganz den Shows mit Äffchen zu widmen.

Das spielte mir sehr in die Karten.

Der Vorteil war zum einen, dass wir nun auch privat etwas mehr Zeit miteinander verbringen konnten, zum anderen, dass die Shows bei weitem nicht so anstrengend waren wie die Arbeit als Sklave.

Ich schaffte es sogar – natürlich mit Äffchens Hilfe – meine Phobie gegen solche öffentlichen Auftritte weitgehend abzulegen.

Zumindest ansatzweise.

Die Nervosität im Vorfeld war nach wie vor geblieben. Doch ich lernte allmählich damit umzugehen.

So zogen wir also von Kneipe zu Kneipe, wurden zwar regelmäßig von Fremden gefickt oder mussten den ein oder anderen Blowjob abliefern, während Bestrafungen vonseiten des Meisters während dieser Zeit tatsächlich weitgehend ausblieben.

Vielleicht gab es dann und wann etwas mit dem Rohrstock, doch daran störte ich mich nicht großartig, bot dies doch die Gelegenheit, dass sich Äffchen danach rührend um meine Wunden kümmern konnte.

Natürlich war auch mein neuer Partner wesentlich daran beteiligt, dass ich nicht mehr bestraft wurde. Denn die ursprüngliche Vereinbarung dieses Dreimännerbundes besagte ja, dass ich nur dann bestraft werden würde, wenn er einen Fehler beging.

Doch er machte keine Fehler.

Vielleicht war er so gewissenhaft, weil er mich schützen wollte. Ich habe ihn zwar nie danach gefragt, bin mir dessen aber inzwischen recht sicher.

Die schönste Zeit jedoch verbrachten wir jenseits unserer beruflichen Zusammenarbeit.

Wir frönten nach Herzenslust unseren gemeinsamen Interessen, vor allem, was Filme, Musik oder Kunst im Allgemeinen anbelangte. Da wir beide visuell geprägte Typen waren, vereinte uns diese Eigenschaft in einer Weise, wie ich sie nie für möglich gehalten hatte.

Je mehr Zeit verging, umso deutlicher spürte ich, dass er mich wahrhaftig liebte.

Und es dauerte nicht lange, bis ich ebenso für ihn empfand.

Ganz unerwartet hatte sich ein Paradigmenwechsel in meinem Leben vollzogen. Der misshandelte Junge aus dem Kinderheim, der unterwürfige, von ständigen Selbstzweifeln geprägte Außenseiter, hatte tatsächlich zu lieben gelernt. Hatte zu vertrauen gelernt.

Ich erinnere mich noch genau, dass ich damals ständig die Angst in mir trug, all das könnte irgendwann enden.

Könnte einfach vorbei sein.

Wie ein Traum, aus dem man zu früh erwachte.

***

Und wie das Leben so spielte, wurde meine Befürchtung schließlich Realität.

Es endete.

Es endete so unerwartet, wie es begonnen hatte.

Doch nicht, wie es bei den meisten Menschen endet.

Etwa durch Streit, gegenseitiger Überdrüssigkeit oder irgendwelchen anderen Alltagsbanalitäten.

Nein, es ereignete sich etwas weitaus Schwerwiegenderes.

Denn eines Tages suchte er mich in meiner Wohnung auf und gestand mir nach einigem Herumdrücken, dass er Mist gebaut hatte.

Großen Mist, wie er nicht müde wurde zu betonen.

Ich weiß bis heute nicht, was er getan hat, doch offenbar war es derart schlimm gewesen, dass er inzwischen den Entschluss gefasst hatte, sich der Polizei zu stellen. Er sagte, er müsse das tun, da er bereits seit längerer Zeit gesucht wurde.

Die Nachricht traf mich wie ein Schlag ins Gesicht.

Ich kannte ihn inzwischen gut genug, um zu wissen, dass er diesen Entschluss nicht leichtfertig gefasst hatte.

Er war immer sehr stark gewesen. Nicht nur körperlich, sondern vor allem auch psychisch. Es musste also tatsächlich etwas Gravierendes vorgefallen sein, dass er sich zu dieser Entscheidung durchgerungen hatte.

Da wir beide inzwischen ein recht gutes Auskommen hatten, hatte ich für mich längst ausgeschlossen, dass es um Geld gegangen war.

Vielleicht waren Drogen im Spiel gewesen.

Vielleicht eine Gewalttat wie Totschlag oder gar Mord.

Nichts davon war in den Kreisen, in denen wir uns bewegten, ungewöhnlich gewesen. Das Milieu, das uns umgab, war beherrscht von Vorfällen, die man nicht gerade als gesetzeskonform bezeichnet hätte.

Ich habe es bis heute nicht in Erfahrung bringen können.

Vielleicht war er tatsächlich zu einem Mörder geworden.

Doch selbst das wäre mir egal gewesen.

Ich liebte ihn so sehr, dass ich sogar mit einem Mörder hätte leben können.

Und so versuchte ich verzweifelt auf ihn einzureden, alles noch einmal zu überdenken.

Doch er ließ sich nicht davon abbringen.

Er hatte längst entschieden.

Ohne mich.

Für mich brach in diesem Moment eine Welt zusammen.

Und so stoppte ich schließlich schweren Herzens all meine Bemühungen und ergab mich meinem oder vielmehr unserem Schicksal.

Durch mein unablässiges Drängen kamen wir zumindest überein, dass ich ihn noch bis auf die Polizeiwache begleiten durfte. Da ich nicht wusste, wie schwer seine Tat tatsächlich gewesen war und daher der Ungewissheit ausgeliefert war, ihn für längere Zeit nicht sehen zu können, wollte ich jede einzelne noch verbleibende Sekunde mit ihm auskosten.

Und so fuhren wir schweigend dem drohenden Ende unserer gemeinsamen Zeit entgegen.

Der Abschied war kurz.

Er wollte nicht, dass ich mit auf die Wache komme, da ich nicht erfahren sollte, was er getan hatte. Ich sollte ihn so in Erinnerung behalten, wie ich ihn kannte und nicht als Verbrecher, den man mit Handschellen abführte.

Ich blieb also vor der Wache stehen und wartete.

Ich wartete und wartete.

Vielleicht zwei, vielleicht auch drei Stunden, ich weiß

es nicht mehr. Die Zeit flog einfach so an mir vorüber, während ich wie betäubt in meinem Auto saß und vor mich hinstarrte.

Doch er kam nicht mehr zurück.

Als ich schließlich erkannte, dass es keinen Sinn mehr hatte, verließ ich den Ort unserer letzten Begegnung und fuhr nach Hause.

Ich war nicht einmal imstande gewesen zu weinen. Die Straße vor mir wurde zu einem verschwommenen Korridor, der mich hinfort in eine düstere Zukunft führte.

Ich habe ihn nie wieder gesehen.

Über die Jahre habe ich immer wieder versucht, ihn ausfindig zu machen, doch leider ohne Erfolg.

Er war wie vom Erdboden verschluckt.

Ich habe inzwischen die Befürchtung, dass er im Knast einfach vor die Hunde gegangen ist. Er war zwar stark gewesen und konnte sich auch entsprechend wehren, doch in Gefängnissen gibt es mannigfaltige Möglichkeiten, sich selbst zu verlieren. Offengestanden will ich mir bis heute eigentlich nicht ausmalen, was ihm widerfahren sein könnte. Etwas in meinen Inneren sträubt sich vehement dagegen.

Doch ich habe ihn nie vergessen.

Noch heute ist er ständig in meinen Gedanken.

Von allen Menschen, die ich bisher in meinem Leben getroffen habe, war er der einzige, den ich wahrhaftig geliebt habe.

Vielleicht war er in Wahrheit gar nicht der Mensch, den ich in ihm gesehen habe. Doch das war mir damals egal und es ist mir auch heute noch.

Er war das, was ich wollte, dass er war: Meine große Liebe.

Ich lebe zwar inzwischen mit einem anderen Partner zusammen, und dies schon seit langer Zeit, denke aber oft darüber nach, ob die Alternative nicht besser gewesen wäre.

In so manch ruhiger Stunde, wenn ich es schaffe meinem hektischen Alltag zu entfliehen, führe ich mir vor Augen, dass wir vielleicht eine gemeinsame berufliche Zukunft vor uns haben hätten können; dass wir unsere Interessen bündeln und ein Vermächtnis hätten schaffen können, durch das wir in Erinnerung geblieben wären.

Doch es sollte nicht sein.

Dieses, *was wäre, wenn* ist inzwischen längst in den verschlungenen Pfaden einer fernen Vergangenheit begraben worden.

Es wird einfach nie sein.

Vielleicht können Sie meine Empfindungen zumindest ansatzweise nachvollziehen. Vielleicht haben Sie bereits Ähnliches erlebt. Vielleicht haben auch Sie erlebt, dass Ihnen das Leben einfach einen Strich durch die Rechnung gemacht hat.

Vielleicht haben auch Sie einen Verlust erlitten, der sich wie der meine angefühlt hat und vielleicht auch heute noch so anfühlt.

Und doch musste das Leben wieder seinen Gang gehen, so schwer es auch fiel.

***

Kurz darauf stand mir ein weiterer schwerer Gang bevor.

Ich musste meinen Meister davon unterrichten.

Und ich hatte Angst davor.

Aus gutem Grund.

Denn wie ich erwartet hatte, was er nicht erfreut über die Nachricht, dass *sein Äffchen* fortan nicht mehr zur Verfügung stand.

In seiner unmittelbaren Reaktion mischte sich sowohl Enttäuschung wie auch unbändige Wut.

Eine Wut, die ich bald zu spüren bekommen sollte.

Er sprach überaus erregt davon, wie einfach es doch in letzter Zeit gewesen wäre und wie perfekt Äffchen und ich als Duo funktioniert hatten. Nun jedoch, in Ermangelung an Ersatz, *müssten wir unser Service auf eine neue Ebene heben*, um auf dem Markt weiter bestehen zu können.

Es war nicht schwer zu erahnen, was das für mich bedeuten würde.

Noch mehr Gewalt, noch mehr Erniedrigung, noch mehr Schmerz.

Aus höchsten Höhen war ich nun wieder zurück in jenes finstere Loch gefallen, aus dem ich mich längst entkommen wähnte.

Das Selbstvertrauen, das ich mir während der gemeinsamen Zeit mit meinem Gefährten so mühsam erkauft hatte, war plötzlich wieder wie weggefegt.

Als hätte es niemals existiert.

Zurückgeblieben war jenes Häufchen Elend, das ich schon davor gewesen war.

KAPITEL IX

NEUSTART

Ich war zwanzig geworden.

Nach den Ereignissen rund um Äffchen wurde mein Geburtstag erwartungsgemäß eine trostlose Angelegenheit. Ich verbrachte den Tag wie üblich ohne sonstige Gäste bei meinen Eltern und versuchte, so gut es eben ging, mir nichts anmerken zu lassen.

Dieses Mal blieben auch die Gratulationen vonseiten meines Meisters aus, der mir bei jeder sich bietenden Gelegenheit vor Augen hielt, dass er noch immer sauer auf mich war.

Zumeist zeigte sich dies in Form eisernen Schweigens. Selbst wenn ich ihm Fragen stellte, antwortete er gar nicht und wenn doch nur beiläufig darauf.

Doch einige Tage später forderte er mich überraschenderweise auf, gemeinsam mit ihm wieder einen Kunden zu besuchen.

Der irrigen Hoffnung verfallen, alles wäre nun wieder in Ordnung, willigte ich ein.

Doch als er während der gesamten Fahrt kein einziges Wort mit mir sprach und wir eine nur allzu vertraute Richtung einschlugen, dämmerte es mir langsam, was da auf mich zukam.

Denn unser Ziel war bedauerlicherweise die Wohnung des von mir so gefürchteten Soziopathen; dieses stinkreichen Psychos, dessen pathologische Neigungen mich bereits einmal an meine Grenzen gebracht hatten.

Nachdem mir gewahr geworden war, wohin die Reise ging, wurde die Atmosphäre innerhalb des Wagens schlagartig so unheilschwanger wie die Blicke meines Meisters, die er mir dann und wann zuwarf.

Als wir schließlich vor dem Haus hielten, schlotterte ich bereits vor Angst.

Doch irrwitziger Weise war ich, der eigentlich Schuldlose, noch immer um Wiedergutmachung bemüht, sodass ich mir nichts anmerken ließ und längst entschieden hatte, dieses Spiel mitzuspielen, gleich wie schlimm es dieses Mal auch werden würde.

Nachträglich betrachtet wäre es besser gewesen, ich hätte sofort die Flucht ergriffen.

Kaum hatten wir das Luxusloft betreten, wurde ich sofort aufgefordert, mich auszuziehen.

Dann wurde ich in die gefürchtete Folterkammer geführt und auf dem Bock unmittelbar vor dem verdammten Andreaskreuz festgezurrt.

Eine Zeit lang geschah überhaupt nichts.

Ich vernahm nur leises und unverständliches Geflüster hinter mir.

Dann spürte ich plötzlich etwas Kaltes, Metallisches an meinem Hintern, das nur eine Sekunde später langsam in mich eingeführt wurde.

Kurz darauf trat der Hüne mit einem breiten Grinsen vor mich. In der Hand hielt er eine lange, dünne Nadel, an deren Ende ein kleiner Draht befestigt war.

Er beugte sich runter und führte das dünne Ding vorsichtig in meine Harnröhre ein. Ich verspürte zwar keine

Schmerzen dabei, doch der bloße Gedanke an diesen Vorgang trieb mir ein flaues Gefühl in die Magengegend.

Dann verschwand er wieder aus meinem Sichtfeld.

Es begann mit einem leichten Ziehen.

Ein Ziehen, das langsam, aber stetig zu einem Brennen wurde.

Ich begann schwer zu atmen, denn langsam dämmerte mir, was es damit auf sich hatte.

Der Irre war gerade dabei, mich unter Strom zu setzen.

Das Teil in meinem Hintern und meinen Penis waren mittels zweier Kabel mit einem kleinen Transformator verbunden, mit dem er mir verschieden starke Stromstöße verpassen konnte.

Ich hatte zwar schon von dieser Art der Behandlung gehört, sie aber nie am eigenen Leib erfahren müssen.

Was sich zu Beginn ganz erträglich anfühlte, trieb mir schnell wirre Muskelkontraktionen durch den Körper, sodass ich am ganzen Leib zu zittern begann. Und je mehr er die Leistung erhöhte, umso schlimmer wurde es.

Es ging so weit, dass ich wie von heftigen Krämpfen geschüttelt auf dem Bock zitterte, wie ein Fisch, den man gerade aufs Trockene befördert hatte. Von einem Moment auf den nächsten begann ich zu schwitzen, als säße ich in einer Sauna.

Und es wurde von Sekunde zu Sekunde schlimmer.

Da nur mein Körper und meine Arme fixiert waren, ich den Kopf aber bewegen konnte, wandte ich mich hilfesuchend an meinen Meister. Dieser jedoch sah mich mit gleichgültiger Miene an und bedeutete dem Wahnsinnigen mit einem Nicken noch etwas mehr Gas zu geben.

Und der ließ sich nicht lange bitten.

Es dauerte nicht lange, bis die Schmerzen unerträglich wurden. Meine Schmerztoleranz war längst überschritten, sodass ich schließlich mit letzter Kraft mein Codewort zwischen den Zähnen hervorpresste.

»Rot!«

Doch nichts geschah.

Ich begriff nicht, was los war. Es war seit jeher Gesetz, dass im Rahmen dieser Spiele die wichtigste Regel niemals verletzt werden durfte.

»Heute kannst Du mit ihm machen, was du willst!«, setzte E. in Richtung meines Folterknechtes nach.

Ich war fassungslos.

Als ich erneut in seine Richtung sah, begegnete mir nur ein vollkommen gleichgültiger, wenn nicht gar hasserfüllter Blick.

Dann wandte er sich plötzlich um und ging in Richtung Küche. Er hatte mich tatsächlich mit diesem Irren alleine gelassen!

Nach einer Weile setzte mein Peiniger die Spannung wieder ein wenig herab, begann mich aber zusätzlich mit einem Rohrstock zu schlagen. Unzählige Hiebe prasselten auf meinen Hintern und meinem Rücken ein, bis ich nicht mehr unterscheiden konnte, was schlimmer war – der Strom oder die Schläge.

Als E. wieder den Raum betrat, trug er zwei Teller mit Ravioli in seinen Händen.

Psycho stoppte die Bestrafung, stellte sein Folterinstrument auf die geringste Intensität und begann gemeinsam mit meinem Meister zu essen.

Das Geschmatze klang wie blanker Hohn in meinen Ohren.

Die wellenförmigen Stöße, die mir das Ding auf dieser Stufe verpasste, trieben mich langsam und unaufhaltsam dem Höhepunkt entgegen.

Ich hatte in diesem Moment nicht die geringste Lust auf einen Orgasmus, konnte ihn jedoch aufgrund dieser andauernden Überreizung nicht mehr verhindern, sodass ich mich schließlich auf den Boden unter mir entleerte.

»Ich habe gesehen, wie Du Äffchen geküsst hast!«, ertönte es plötzlich neben mir.

Ich sah meinen Meister mit weit aufgerissenen Augen an.

Der Blick, den er auf mich zurückwarf, ließ mir das Blut in den Adern gefrieren.

»Ja, das habe ich!«, schmatzte er genüsslich weiter. »Und nun erhältst Du die gerechte Strafe dafür!«

Ich hatte plötzlich Todesangst, den in genau diesem Moment durchschaute ich das grausame Spiel meines Meisters.

Er hatte sich Zeit gelassen, um mit der Wahrheit herauszurücken. Er hatte Wochen lang gewartet, hatte wie eine Schlange geduldig auf seine Beute gelauert und mich dann in das Refugium dieses Monster geführt, wo ich schließlich mit Haut und Haar verschlungen werden sollte.

Ich war, ohne dass ich es zuvor auch erahnen hätte können, Teil eines perfiden Racheplans geworden, der nun mit all seiner kalten Brutalität an mir vollzogen wurde.

Mein Verstand begann zu rasen.

Und je mehr ich über meine missliche Lage nachdachte, umso mehr dämmerte mir, warum ich in sie hineingeraten war.

E. war wohl ebenfalls in Äffchen verliebt gewesen.

Schlagartig erinnerte ich mich wieder an die Blicke, die er ihm des Öfteren zugeworfen hatte und an die sanften Berührungen, mit denen er ihn bedachte, wenn wir in unserer Stammkneipe saßen.

Es waren zwar kaum merkliche Zuneigungsbekundungen gewesen, aber dennoch waren sie da gewesen.

Plötzlich war alles sonnenklar.

Ich alleine war schuld, dass das Objekt seiner Begierden nicht mehr da war.

Ich alleine war der Sündenbock.

Die Ursache für sein Unglück.

Ich war seine Nemesis.

Ich war die Krankheit in unserer symbiotischen Vereinigung, die nun geheilt werden sollte.

All seine Eifersucht, all seine Rachegelüste und vielleicht sogar sein Hass wurden mir in diesem Moment auf einmal aufgebürdet.

Und in eben diesem Moment zerbrach ich.

Ich war fix und fertig. Die Schmerzen, die ich noch kurz davor erduldet hatte, waren längst bedeutungslos geworden, waren verschwunden hinter der Verachtung jenes Menschen, der bisher der Mittelpunkt all meines Respekts gewesen war.

Ich begann bitter zu weinen.

»Ich denke, er hat mal genug!«, tönte der Hüne, nachdem er seine Ravioli hinuntergeschlungen hatte.

»Das denke ich nicht!«, entgegnete mein Meister.

Ich empfand gar nichts mehr.

War Psycho imstande, Mitleid für mich zu empfinden,

E. hingegen nicht? Hatten ihn die letzten Ereignisse mir gegenüber derart gefühlskalt werden lassen, dass ihn nur mehr der Gedanke antrieb, mir Schmerzen zufügen zu wollen?

Im Grunde genommen hatten all diese Überlegungen keine Rolle mehr gespielt.

In mir hatte sich längst ein Leere breitgemacht, die jeden Gedanken an Widerstand von vorneherein im Keim erstickte.

»Ne, ist schon spät! Machen wir morgen weiter!«

Offenbar war der Brocken müde geworden, was mich in Anbetracht der unzähligen Schläge, die er mir verpasst hatte, nicht weiter wunderte.

»Du musst ihn noch ficken!«, forderte E. jedoch von ihm.

»Schön!«

Zu guter Letzt verging er sich noch an diesem beinahe leblosen Stück Fleisch, das bereits seit mehreren Stunden auf dieser Folterbank abhing.

Ich spürte es kaum mehr, obwohl er mich, ganz wie es seine Art war, brutal durchnahm.

Dann befreiten sie mich, gewährten mir die Gnade eines recht anständigen Abendessens und sperrten mich wieder in diesen winzigen Käfig, in dem ich schon einmal eine Nacht verbringen musste.

Aus Angst vor dem nächsten Tag tat ich kaum ein Auge zu.

Mir schwante bereits, dass das, was man mir zuvor angetan hatte, nur der Prolog für noch etwas Schlimmeres gewesen war.

Und so kam es dann auch.

Nach dem obligatorischen Frühstück aus gesalzenen Haferflocken und einer Kanne voll Wasser wurde ich wieder in die Folterkammer geführt und mit zwei Handmanschetten samt Kette an die Decke gezurrt, gerade so, dass ich die Füße noch einigermaßen stabil auf den Boden stellen konnte.

Und dann enthüllten sie die Werkzeuge, mit denen sie mich an diesem Tag bearbeiten wollten.

Psycho trat vor mich, mich einem Schlagstock in der einen Hand – nichts, was ich nicht schon kannte – während er hinter seinem Rücken noch etwas anderes verborgen hielt.

Dann grinste er diabolisch und holte einen Baseballschläger hervor, den er prüfend in seiner Hand zu wiegen begann.

Sein kalter Blick wechselte zwischen mir und den Schläger hin und her und er beobachtete aufmerksam, wie ich darauf reagierte.

Ich kannte ihn inzwischen gut genug, um zu wissen, dass ein Teil seines Spiels stets psychologischer Natur war.

Wollte er mir damit nur Angst machen?

Unter normalen Umständen hätte ich dies bejaht, doch in Anbetracht von E.´s gegenwärtiger Stimmungslage hegte ich doch Zweifel.

Zum ersten Mal in meinem Leben hatte ich das Gefühl, dass die Sache dieses Mal tatsächlich schiefgehen konnte.

Dann wurde mir für einige Minuten Schallschutzkopfhörer aufgesetzt. Man wollte nicht, dass ich mithören konnte, was genau sie mit mir vorhatten.

Kaum hatte man sie wieder entfernt, begann mein Programm für diesen Tag.

Der Irre schob mir den Schlagstock, ohne mich entsprechend darauf vorzubereiten, mit einem Ruck in den Hintern und begann mich brutal damit zu bearbeiten. Es war ein Gefühl, als hätte man mich in eiskaltes Wasser geworfen. Mein ganzer Körper krampfte zusammen, während mir schlagartig die Tränen in die Augen schossen.

Es dauerte nur wenige Sekunden, bis ich erneut laut »Rot!« brüllte, da ich das nicht länger ertragen konnte.

Doch auch dieses Mal wurde ich ignoriert.

Nun war es also gewiss gewesen. Man hatte tatsächlich vorgehabt, mich bewusst zu verletzen.

Ich hielt, so gut es noch ging, stand, richtete meinen Blick nach innen und versuchte den stumpfen Schmerz einfach beiseitezuschieben.

»Ich möchte, dass du Dich dafür entschuldigst, dass Du dich in Äffchen verliebt hast!«, mischte sich die Stimme meines Meisters in das Keuchen hinter mir.

»Was?«, jammerte ich verzweifelt.

»Du sollst dich entschuldigen!«, setzte er brüllend nach. »Entschuldige Dich gefälligst für Deinen verdammten Verrat!«

Verrat?

Ich war nicht imstande, etwas darauf zu erwidern.

Als der Psycho hinter mir das bemerkte, setzte er noch energischer nach, indem er sein Tempo verschärfte.

Es dauerte nur wenige Sekunden, bis ich vollkommen am Ende war.

Die Wand vor mir verschwamm zu einem Zerrbild der Wirklichkeit. Ein Indiz dafür, dass meine Fähigkeit, meine Umwelt wahrzunehmen, nun langsam von mir wich.

Doch dann hörte er plötzlich auf.

Vielleicht weil er bemerkt hatte, dass ich nicht mehr imstande war, auch nur einen Mucks von mir zu geben.

Man ließ mir einige Minuten Zeit, um mich wieder zu erholen.

Währenddessen wagte ich kaum zu atmen, geschweige denn etwas zu sagen. Ich war der ständigen Angst erlegen, dass er tatsächlich eins mit dem Baseballschläger verpassen könnte.

Doch es kam anders.

Denn kaum waren meine Tränen getrocknet, setzte er den Schläger an meinen Hintern an, schob ihn einige Zentimeter tief in meinen Anus und begann ihn langsam zu drehen. Im Wissen, dass er mich damit wirklich ernsthaft verletzten konnte, ging er dieses Mal etwas behutsamer vor.

Der Typ wusste stets genau, was er tun musste und wie weit er gehen konnte.

Währenddessen trat mein Meister mit dem Schlagstock bewaffnet vor mich, erfasste meinen Schwanz und begann mit dem Stock auf meine Eichel zu schlagen.

Der flehende Blick, dem ich ihm zuwarf, schien einfach an ihm anzuprallen.

»Ich höre!«, forderte er weiter. »Das Ganze wird erst vorbei sein, wenn Du Dich für Deinen schamlosen Verrat entschuldigst!«

Meinen Verrat!

Doch ich war gar nicht mehr imstande zu sprechen.

Alles, was ich noch hervorbrachte, war ein kaum merkliches Wimmern, dass vollkommen unwillkürlich seinen

Weg nach draußen fand.

»Was?«

Ich versuchte mich zu sammeln, das letzte Quäntchen an Kraft, das noch in mir war, aufzubieten.

»Es tut …«

»Was?«

»Es tut mir …«

»Ich kann Dich nicht hören, Pussyboy!«

»Es tut mir so leid!«, platzte es schließlich doch noch aus mir heraus. »Es tut mir so leid, es tut mir so leid, es tut mir so leid …«

Ich begann zu weinen, wie ich noch nie in meinem Leben geweint hatte.

Nicht, weil die Schmerzen so unerträglich und die Demütigung so allumfassend gewesen war, sondern weil ich mit diesem einen Satz die Liebe zu meinem einstigen Gefährten geleugnet hatte.

Ich hatte den einzigen Menschen verraten, den ich je in meinem Leben geliebt hatte.

Ich hatte mich für etwas entschuldigt, das nicht entschuldigt werden musste.

Am Ende war das die größte Demütigung an diesem Tag gewesen.

Für einen kurzen Moment sah ich meine einstige Liebe genau vor mir.

Und auch er weinte.

Natürlich war es nur ein Trugbild gewesen. Der wahnwitzigen Situation entsprungen, in der ich mich befand. Doch sie brannte sich so tief in mein Bewusstsein, dass ich mich noch heute genau daran erinnere.

Meine Entschuldigung hingegen hatte ihre Wirkung nicht verfehlt.

Sie ließen beide von mir ab, lösten meine Fesseln und gestatteten mir mich auf dem Boden etwas auszuruhen.

Da lag ich nun. Zusammengekrümmt wie ein Ungeborenes im Mutterleib, inmitten meiner Hilflosigkeit und vor allem meiner Schande.

E. hatte sein Ziel erreicht.

Seine Rache war nun endlich vollzogen worden.

An alles, was danach kam, erinnere ich mich nur mehr schemenhaft.

Als die beiden sich sicher waren, dass mein Schließmuskel sich wieder erholt hatte, wurde ich noch wie üblich gefickt.

Es war mir vollkommen gleichgültig.

Ich war weder zu irgendeiner Reaktion, geschweige denn zu einem Orgasmus fähig. Es fühlte sich an, als wäre das Leben für einen Moment aus mir gewichen.

***

Einige Tage nach diesen umwälzenden Ereignissen suchte mich mein Meister vollkommen überraschend in meiner Wohnung auf.

Bereits als er an meiner Türschwelle stand, fiel mir auf, dass sich ein Wandel an ihm vollzogen hatte. Seine Gesichtszüge wirkten ganz um Gegensatz zu den Wochen davor, weicher, beinahe milde.

Er fragte mich höflich, ob er sich setzen dürfte.

Und da ich derart überrascht von seinem Auftreten war,

zögerte ich nicht lange und ließ ihn gewähren.

Wir saßen eine ganze Weile lang schweigend da und starrten einfach nur ins Leere.

Schließlich fragte ich ihn, was er eigentlich hier wollte.

Er fasst sich und stammelte schließlich etwas hilflos darauf los, *dass es ihm leidtue, was er mir angetan hatte. Er hätte seine Gründe gehabt, schäme sich jedoch, sie mir zu offenbaren.*

Ich war aufgrund seiner Offenheit, vor allem aber wegen seines defensiven, beinahe unterwürfigen Gehabes so verblüfft, dass ich kaum imstande war nachzuhaken.

Schließlich platzte es aus ihm heraus.

»Ich hatte mich in Äffchen verguckt!«, gestand er kleinlaut. »Und der Gedanke daran, dass er nicht mich, sondern dich liebte, war für mich unerträglich! Ich weiß, dass das albern klingt und auch, dass ich gegen all unsere Vereinbarungen verstoßen habe, aber ich bin eben auch nur ein Mensch!«

Auch nur ein Mensch!

Ein Eingeständnis, dass ich so zuvor noch nie von ihm gehört habe.

Der Angebetete, jener der in meiner Welt beinahe so etwas wie Gott gewesen war, saß nun vor mir, reduziert auf ein kleines Häufchen Elend, das insgeheim um Vergebung suchte.

Und so kam es dann auch.

Wir schwiegen beide eine Weile, bevor er schließlich anhob und mich fragte, ob ich ihm verzeihen würde.

Ich zögerte.

Aus nachvollziehbaren Gründen.

Denn zum einen war das, was er mir mithilfe dieses Soziopathen angetan hatte, nicht wirklich entschuldbar. Wir hatten von Beginn unserer Zusammenarbeit festgelegt, dass die Regeln, die wir für unsere Spiele aufgestellt hatten, unter keinen Umständen gebrochen werden durften.

Doch er hatte sie gebrochen.

Zwei Mal.

Was er an diesen beiden Tagen zugelassen hatte, war kein Spiel mehr gewesen.

Es war Folter gewesen.

Eine Misshandlung bösartigster Natur, die ich ihm so niemals zugetraut hätte.

Ich haderte also mit mir. Stellte immer wieder unsere langjährige Verbindung seinem jüngsten Verhalten gegenüber, was mich letztendlich nur noch mehr ratlos zurückließ.

Konnte man ein Band, das inzwischen über fünf Jahre Bestand hatte, einfach so durchtrennen?

Wegen dieses einen Vorfalls?

E. hatte seine Fehler.

Welcher Mensch hat die nicht?

Doch welcher andere Mensch, welcher vernünftige Mensch würde einen derartigen Racheplan aushecken, nur weil ihm die Zuneigung eines anderen verweigert worden war?

Fragen über Fragen.

Doch andererseits war mir auch bewusst geworden, dass das alles auch eine Gelegenheit in sich barg.

Nämlich jene, dass ich mir sicher sein konnte, dass er diesen Fehler nicht ein zweites Mal begehen würde.

Und genau davor warnte ich ihn in diesem Moment.

»Wenn du mir versprichst, dass so etwas niemals wieder passiert, verzeihe ich dir!«

Ich war in diesem Moment über mich selbst überrascht, hatte ich doch niemals zuvor meinen Standpunkt derart klar dargelegt.

Und meine Warnung fiel tatsächlich auf fruchtbaren Boden.

Er atmete erleichtert auf, nickte dankbar und sagte: »Ich verspreche es!«

Ich hörte keine Lüge in seinen Worten.

Und so habe ich ihm letztendlich doch verziehen, allen Widersprüchen zum Trotz.

Nachdem er wieder gegangen war, zweifelte ich noch eine ganze Weile daran, ob ich die richtige Entscheidung getroffen hatte.

Natürlich war ich so geprägt, dessen war ich mir inzwischen bewusst.

»Wir werden sehen!«, höre ich mich noch heute sagen. »Wir werden sehen!«

KAPITEL X

ANGST & TOD

Es vergingen einige Woche, bevor E. wieder von sich hören ließ.

Ich war eigentlich dankbar für diese Auszeit, denn das Folterwochenende hatte über die tiefen seelischen Narben hinaus auch körperliche zurückgelassen.

So hatte ich reichlich Zeit gefunden, mich zu regenerieren, vor allem aber über alles intensiv nachzudenken.

Ich hatte die E.´s Entschuldigung zwar angenommen, meine Zweifel jedoch waren geblieben. Vielmehr hatte ich nun zusehends das Gefühl, dass das Band zwischen uns dünner geworden war, sodass es nur eine Frage der Zeit war, bis es endgültig zerreißen würde.

Doch noch war dieser Tag nicht gekommen.

Noch schwankte ich.

Vor allem aber war es angenehm gewesen, keinen Menschen hören oder sehen zu müssen; die Leute, denen ich auf meinen täglichen Wegen begegnete, natürlich ausgenommen. Doch die waren lediglich namenlose Gesichter, die für mich keinerlei Bedeutung hatten, meiner immer noch gegenwärtigen Ängste zum Trotz.

Mein Meister fragte mich also, ob ich Lust hätte, mit ihm zu einem neuen Kunden zu fahren.

Ob ich Lust hätte?

Natürlich verspürte ich kein großes Verlangen danach.

Jedoch musste ich auch im Hinterkopf behalten, dass er

seit meiner Kündigung in der Werkstatt die Miete meiner kleinen Wohnung übernommen hatte und mir darüber hinaus auch ein Taschengeld auszahlte, das bei meiner bescheidenden Lebensweise mehr als ausreichte.

Plötzlich auf der Straße sitzen zu müssen, war kein besonders reizvoller Gedanke gewesen.

Natürlich generierte er die Einnahmen dafür ausschließlich über mich, doch ich war zu jener Zeit noch nicht so weit, dass entsprechend nüchtern gegeneinander abzuwägen.

Noch war ich zu einem finalen Befreiungsschlag nicht in der Lage gewesen.

Außerdem hatte er mir versichert, dass sich so etwas wie in der Wohnung des Psychos nie mehr wiederholen würde.

Und so erklärte ich mich nach einigem Zögern doch bereit, ihm eine neue Chance zu geben.

***

Unser Weg führte uns an diesem Tag in ein recht nobles Viertel unserer Heimatstadt.

Wie er mir auf der Fahrt dorthin eröffnete, residierte dort die *Königin*, ein zu jener Zeit einschlägig bekannter Modedesigner. Ich konnte damit nicht großartig etwas anfangen – Mode war noch nie mein Ding gewesen - war jedoch etwas amüsiert, dass ein Mann diesen Namen für sich gewählt hatte.

Dachte sich jener, der Pussyboy genannt wurde.

Als wir ankamen, stellte ich schnell fest, dass der Name perfekt zu ihm passte.

Das Haus war mit sinnentleertem Kitsch aus Plüsch

und Gold vollgestopft, der vermutlich ein kleines Vermögen gekostet hatte.

Die Königin selbst war ein etwas älterer Geselle, so um die Sechzig, der eigentlich ganz harmlos wirkte. Mir stach jedoch sofort ins Auge, dass er erstaunlich ungepflegt wirkte, was nicht so ganz zu diesem sauteuren Interior passte.

Dass er in Wahrheit ein kleiner Sadist war, sollte mir erst später bewusst werden.

Nachdem wir einander ein wenig beschnuppert und ausführlich geplaudert hatten, musste ich mich wie üblich ausziehen.

Seine Majestät verlangte zuerst, mich auszupeitschen.

Jedoch sollte ich dabei nicht gefesselt sein, sondern einfach ruhig vor ihm stehen.

»Wenn du auch nur einmal zuckst, wirst du härter bestraft!«, verkündete er, nachdem ich vor ihm Aufstellung bezogen hatte.

Als er erste Schlag auf mich nieder ging, zeigte mein Körper erwartungsgemäß die einzig logische Reaktion – er zuckte aus Selbstschutz kurz zusammen.

Die Königin verzog verächtlich die Mundwinkel und knurrte mir ein spöttisches »Weichei!« entgegen.

Nachdem er mir ein paar weitere Hiebe mit dem gleichen Resultat verpasst hatte, ließ er enttäuscht von mir ab und führte mich zu einer Liege, die unweit von uns bereitstand.

Kurz darauf erschien er mit einem großen, grobmaschigen Netz in seinen Händen, in das er mich gekonnt verschnürte.

Während mir mein Meister den Mund zuklebte und

mich rücklings auf die Liege packte, verschwand der Alte kurz im Nebenraum und kehrte wenig später mit einem Satz voller dünner Nadeln und zwei Nippelklammern, die wiederum mit einer Kette verbunden waren, zurück.

Da ich nicht wusste, was er vorhatte und darüber hinaus vollkommen bewegungsunfähig war, schwante mir nichts Gutes. Fesseln boten bis zu einem gewissen Grad noch immer Bewegungsfreiheit; jedoch in dieses Netz gepackt zu sein, ohne sich auch nur einen Millimeter bewegen zu können, war eine völlig neue Erfahrung.

Da war sie plötzlich wieder.

Diese Angst vor dem Unbekannten. Die Furcht vor der Ungewissheit, ob die Entschuldigung meines Meisters nicht auf einem Fundament von Lügen basierte.

Wollte er, dass mir an diesem Tag Ähnliches angetan wurde wie zuletzt?

Doch es war zu spät für meine Bedenken.

Das Spiel hatte längst begonnen und ich war nur mehr Zuseher. Oder Leidtragender, je nachdem, aus welchem Blickwinkel man es betrachtete.

Ich war so tief in meinen Gedanken versunken gewesen, dass ich beinahe nicht bemerkt hatte, wie mein Meister daran gegangen war, sich an meinen Schwanz zu schaffen zu machen, der schlaff aus einer der Netzmaschen hing.

Offenbar war er unzufrieden damit, dass mich die ganze Sache nicht im Geringsten erregte.

Nachdem er sich eine Weile abgemüht hatte, brachte er ihn mehr oder weniger zum Stehen.

Ihre Majestät hatte inzwischen die Nadeln hervorgekramt und begann mit einer davon die Haut an der Wurzel meines Penis zu durchstechen. Er zog das Ding in der Manier einer Näherin bis zur Hälfte durch, wo er es schließlich stecken ließ.

Nadel folgte auf Nadel, Stich auf Stich, während er sich immer weiter nach oben vorarbeitete.

Das Groteske dabei war weniger der Schmerz, den er mir zufügte – immerhin gab es Menschen, die sich ihre Schwänze sogar tätowieren ließen - sondern das vergnügte Grunzen, das er bei jedem Stich von sich gab.

»Nichts macht mich geiler, als Haut zu durchstechen!«, sabberte er vor sich hin.

Da ich meinen Kopf noch ein wenig bewegen konnte, erkannte ich, dass er tatsächlich eine Erektion davon bekam, auch wenn die alte Nudel nur auf halbmast hing.

Als er fast an meiner Eichel angelangt war, hatte ich für einen kurzen Moment die Befürchtung, dass er sie ganz durchstechen könnte, was er jedoch nicht getan hat.

Stattdessen nahm er die Nippelklammern und fixierte sie an meinen Brustwarzen. Der Unterschied zu den Klammern, die ich bereits kannte, bestand darin, dass sie an der Oberseite über kleine Schrauben verfügten, mit denen man die Dinger richtig festziehen konnte. Ein paar Umdrehungen genügten und das Blut begann in dünnen Linien aus meinen Brustwarzen zu fließen.

Dann richtete er sich auf, packte die Kette, sodass ich das Gefühl hatte, ein Reiter stünde ober mir und ich wäre das Pferd, das an Zügeln hing. Währenddessen erfasste er seinen Schwanz und begann ihn heftig zu reiben.

Die Szenerie hatte etwas grotesk Lächerliches an sich.

Ein sabbernder alter Kauz, der verzweifelt versuchte,

sich einen runterzuholen.

Als er damit keinen Erfolg hatte, riss er mir das Klebeband vom Mund, drückte mir die Kiefer mit seinen Fingern auseinander, stopfte mir sein halbschlaffes Ding hinein und begann mich in den Mund zu ficken.

Es war ekelhaft.

Nicht weil ich Blowjobs generell verabscheute, sondern weil der Alte extrem ungepflegt war. Mir stieg ein abgestanden säuerlicher Geruch in die Nase, der mich fast dazu brachte, mich zu übergeben.

Während er sein Gemächt immer wieder rauszog und wieder reinsteckte und dabei immer stärker an der Kette zu ziehen begann, fiel mir dieser seltsame Blick auf, den er mir zuwarf. Dieser irre Blick aus funkelnden Augen, inmitten eines ledrigen Gesichts mit seinen vom Alter ausgedünnte Augenbrauen, über denen Schweißtropfen auf der faltigen Stirn glänzten.

Gott sei Dank dauerte es nicht lange, bis er erneut schlappmachte.

Die Königin fluchte ob seines eigenen Unvermögens und gab natürlich gleich lautstark zu verstehen, dass es meine Schuld war, dass er nicht abspritzen konnte.

Mein Meister band mich los, sichtbar unzufrieden mit dem, was er zu sehen bekommen hatte.

Da mein Vertrauen ihm gegenüber noch immer nicht ganz wiederhergestellt war, befürchtete ich, dass er die Gangart nun verschärfen könnte, nur um diesen alten Stinker doch noch zufriedenzustellen.

Ich wurde in das Schlafzimmer geführt, wo ich auf allen vieren auf dem Bett drapiert wurde.

Eine kleiner Yorkshire Terrier, der diesen Raum offenbar als sein Revier betrachtete, begann unentwegt zu kläffen, als ich unerlaubterweise in seinen Bereich eindrang.

Ich versuchte, das Gebell so gut es ging auszublenden.

Die immer schlaffer werdende Königin sah als letzte Möglichkeit, seine Lustschwelle doch noch in die Höhe zu treiben darin, mich zu fingern.

Während E. den pelzigen Störenfried in Zaum hielt, versuchte er verzweifelt, sich selbst zum Höhepunkt zu stimulieren, indem er mir zuerst einen, dann zwei und am Ende sogar vier Fingern in den Anus trieb.

Vergeblich.

Er richtete sich auf, langte nach einer Packung Zigaretten, von denen er sich schließlich eine ansteckte.

Nachdem er ein paar tiefe Züge genommen hatte, näherte er sich mit dem glühenden Stängel meiner Eichel, wohl in der Absicht, mich damit verbrennen zu wollen.

Ich versuchte mich dem zu entziehen.

Doch noch bevor mir das gelang, hatte er sie bereits in meine Vorhaut gedrückt.

An diesem Punkt schritt mein Meister schließlich ein.

»Nein!«, brüllte er, so laut er konnte und schlug dem alten Kauz die Zigarette aus der Hand. »Das war nicht vereinbart!«

Der Alte brabbelte ein paar unverständliche Worte und ließ schließlich von mir ab.

Er hatte wohl eingesehen, dass es keinen Sinn mehr hatte.

Dann bezahlte er uns wortlos und schickte uns unserer Wege.

Diese Begegnung hatte gemischte Gefühle in mir hinterlassen.

Zum einen war da der ausgeprägte Sadismus, unter dem dieser Neureiche zweifellos litt und der mir zeitweilig doch Angst gemacht hatte.

Zum anderen jedoch spürte ich auch die Verzweiflung, die er in sich trug. Sein von diesem jahrelangem Selbstmissbrauch degenerierter Körper hatte längst nicht mehr das getan, was er ihm noch immer abverlangen wollte.

Nachträglich betrachtet, hatte ich sogar ein wenig Mitleid mit ihm, obwohl er mich nicht gerade zimperlich behandelt hatte.

Die Brandnarbe, die er mir mit der Zigarette zugefügt hatte, ist auch heute noch deutlich zu sehen.

Sie erinnert mich noch immer daran, wie leichtfertig ich während dieser Zeit mit meinem Körper umgegangen war.

Doch das Ganze hatte auch etwas Positives.

Ich hatte zwar ein äußerst seltsames Erlebnis hinter mir, doch auch eine gute Geschichte, die ich in unserer Stammkneipe zum Besten geben konnte.

Die selbst ernannte Königin, die doch keine gewesen war.

***

Nach und nach normalisierte sich das Verhältnis mit meinem Meister wieder. Sofern dies unter den gegebenen Umständen noch möglich war.

Wir begannen wieder gemeinsam die Szene unserer Heimatstadt auf der Suche nach potenziellen Kunden zu durchstreifen, ohne dass sich etwas besonders Einschneidendes ereignete. Alles ging wieder seinen Gang.

So dachte ich.

Denn ohne dass es uns bewusst geworden war, hatte sich längst ein dunkler Schatten über unser aller Leben gelegt.

Gerüchte machten die Runde.

Gerüchte über eine rätselhafte Krankheit, die angeblich nur Schwule betreffen würde.

AIDS.

Wir wussten zu diesem Zeitpunkt noch nichts Genaueres darüber, nur dass man daran sterben konnte.

Sie können sicher nachvollziehen, wie wir nach und nach von heilloser Panik ergriffen wurden.

Krank zu werden war eine Sache.

An einer Krankheit zu sterben zu können, stand auf einem ganz anderen Blatt.

In meinem Fall war dies jedoch unbegründet.

Denn ohne dass ich mir dessen jemals bewusst gewesen war, hatte ich mir über die Jahre einen recht zuverlässigen Schutz auferlegt, denn sowohl E., ich auch ich selbst hatten von meinen Freiern seit jeher verlangt, ein Kondom zu verwenden.

Nicht weil ich mich vor Krankheiten schützen wollte – dieses Thema hatte damals niemand so recht auf dem Radar – sondern weil ich deren Zeug einfach nicht in meinem Hintern haben wollte. So einfach war das.

Darauf stellte kein Problem dar, obwohl natürlich auch das ein Risiko in sich barg, wie sich später herausstellte. Vor allem dann, wenn man wie ich des Öfteren offene Wunden davontrug.

Nur mein Meister durfte mich ohne Kondom ficken.

Mehr Sorgen bereiteten mir hingegen die Blowjobs, da ich diese stets ohne Kondom praktizierte. Wir mussten damals noch nicht, wie genau das Virus übertragen werden konnte, sodass auch bei mir die Unsicherheit über die Monate stetig wuchs.

Doch gottlob bin ich bis heute davon verschont geblieben.

Kurz gesagt: Ich hatte wohl mehr Glück als Verstand gehabt.

Andere hingegen weniger.

Denn die Krankheit breitete sich wie ein Lauffeuer aus und hatte über die Jahre hinweg eine wahre Schneise der Verwüstung in unsere Reihen geschlagen.

Es war bedrückend mitanzusehen, wie die Menschen, die man kannte, Menschen, die kaum älter als dreißig waren, immer weniger wurden. Die Kneipen, die wir regelmäßig zu besuchen pflegten, begannen sich nach zu nach zu leeren, sodass wir zeitweilig sogar allein darin saßen.

Furcht war nun allgegenwärtig.

Es war gespenstisch.

Auf Fragen wie »Hast Du von XY etwas gehört?« oder »Weißt Du, wie es Z inzwischen geht?«, erhielt man oft die niederschmetternde Antwort »Der lebt längst nicht mehr!«

Diese Zeit war für uns alle sehr belastend gewesen.

Hatte ich zum Beispiel vom Tod eines Bekannten erfahren, war natürlich die erste Frage, die ich mir selbst gestellt habe, ob ich jemals mit ihm im Bett gewesen war.

Hinzu kam, dass der Druck von außen stetig größer wurde.

In der Öffentlichkeit herrschte nämlich die Meinung vor, dass vor allem wir Schwule am Ausbruch dieser Krankheit schuld gewesen wären. Die Tatsache, dass sie durch Sextouristen beider Gesinnungsrichtungen aus dem afrikanischen Raum eingeschleppt worden war, schob man dabei bewusst oder vielleicht auch aus reiner Unwissenheit beiseite.

Es musste einfach einen Schuldigen geben.

Es muss immer einen Schuldigen geben.

Und dieser Schuldige hatte sich letztendlich in der Gestalt dieser kleinen Gemeinschaft von Außenseitern, jenen, die sich jenseits des Mainstreams bewegten, gefunden. Jenen Außenseitern, die nun von ihrem allzu freizügigen Verhalten und ihrer Nachlässigkeit endgültig eingeholt worden waren.

Wir waren die ersten unfreiwilligen Opfer einer öffentlichen Meinung geworden, deren Urheber uns insgeheim verabscheut hatten.

Inzwischen ist die Wissenschaft bekannterweise in der Lage, recht gut damit umzugehen. In meinem jetzigen Bekanntenkreis finden sich einige, die daran erkrankt sind, jedoch unter Zuhilfenahme der entsprechenden Medikation ein relativ normales Leben führen können.

Für meinen Meister und mich änderte sich jedoch einiges.

Bedingt durch die allgegenwärtige Panik wurden unsere Aufträge nach und nach weniger. Niemand wollte sich bewusst dem Risiko aussetzen, angesteckt zu werden.

Der noch einige Zeit zuvor vorherrschende, stets lockere Umgang miteinander, wich einer Atmosphäre des ständigen Misstrauens, welches schneller noch als die Krankheit selbst um sich zu greifen begann.

Unser Tätigkeitsfeld verlagerte sich also zusehend weg von rein sexuellen Aktivitäten, hin zu Auspeitschen oder sonstigen BDSM Praktiken, bei welchen sich die Freier im Regelfall selbst befriedigten.

Selbst Blowjobs boten wir am Ende nur mehr mit Gummi an.

KAPITEL XI

STARS & STERNCHEN

Bedingt durch die gravierenden finanziellen Einbußen, die uns AIDS beschert hatte, suchte mein Meister nun nach neuen Einnahmequellen, um unseren gewohnten (oder vielmehr seinen) Lebensstandard weiter aufrechterhalten zu können.

Und so hatte er die Idee, fortan Pornofilme produzieren zu wollen.

Ich war einerseits recht angetan von der Idee, da ich seit jeher ein Faible für das Filmbusiness hatte, zum anderen jedoch auch skeptisch. Der Gedanke daran, dass mich Außenstehende oder vielleicht sogar Bekannte jenseits unserer Gemeinschaft bei meinem Treiben beobachten konnten, behagte mir nicht besonders.

Doch anderseits hatte ich auch einen Vertrag einzuhalten.

Jene Abmachung zwischen uns, die explizit besagte, dass ich bei jeder Aktivität auch gefilmt werden durfte.

Im Gegensatz zu E., der diese Vereinbarung bereits einmal gebrochen hatte, wollte ich meinerseits nicht vertragsbrüchig werden.

Darüber hinaus hatte ich, wie Sie sich vielleicht erinnern, bereits einmal den Versuch unternommen und war dabei recht rasch gescheitert.

Mein Meister versuchte meine Bedenken dahingehend zu zerstreuen, indem er mir versicherte, dass der Großteil solcher Produktionen ohnehin nur im Ausland verkauft werden würde, was natürlich Unfug war.

Denn selbst im aus heutiger Sicht beinahe schon antik anmutendem Zeitalter vor dem Internet war es ein leichtes, in die Schwulenabteilung eines Pornoladens zu gehen und dort die entsprechenden VHS-Kassetten zu erwerben.

Die Wahrscheinlichkeit, dass ich also doch gesehen werden würde, war also durchaus vorhanden.

Ich beruhigte mich jedoch mit dem Gedanken, dass jeder, der mich doch in einem solchen Film gesehen hätte, sich zwangsläufig dadurch auch hätte outen müssen. Denn wer würde ansonsten einen Schwulenporno kaufen, wenn er nicht selbst zumindest bisexuell gewesen wäre?

Vorteil also für meine Karriere als Pornodarsteller, wie es im Tennisjargon heißt.

So war es also beschlossen.

Wir gingen daran, ins Filmgeschäft einzusteigen.

In die Welt der Stars und Sternchen.

E., der in der Szene recht umtriebig war, hatte selbstverständlich auch Zugang zu einem kleinen Studio in einer Nachbarstadt, indem ausschließlich solche Filme produziert wurden.

Und es dauerte auch nicht lange, bis wir diesem Etablissement einen Besuch abstatteten.

Zu meiner Überraschung wirkte das Studio sehr professionell. Es handelte sich nicht um irgendeine schmuddelige Hinterhofabsteige, wie man es vielleicht hätte erwarten können. Im Gegenteil. Von den modernsten Kameras bis hin zu einer hochprofessionellen Beleuchtung war alles vorhanden.

Die Inhaber waren zwei Männer, so um die Dreißig,

hoch aufgeschossen, sportlich und fit und jederzeit guter Laune.

Kurz gesagt: Wie schon so oft das genaue Gegenteil von mir.

Als sich mich noch bekleidet sahen, es aber offensichtlich war, dass sie sich nicht gerade einem Adonis gegenübersahen, reagierten sie mit der gebotenen Skepsis auf meine Anwesenheit.

Doch geschickt, wie er nun mal war, war mein Meister ohne Umschweife daran gegangen, die beiden von meinen Fähigkeiten (vor allem als Sexsklave) zu überzeugen, was aus seiner Sicht ganz andere Perspektiven für eine solche Produktion eröffnen würde.

Ihr Interesse war dann natürlich geweckt, sodass vereinbart wurde, dass wir zunächst ein paar Probeaufnahmen machen würden, um dann weiterzusehen.

Da ich, wie bereits erwähnt, schon immer zum Film wollte, ging ich schließlich mit größtmöglichem Eifer daran, mich so gut es ging zu verkaufen.

Während ich von zwei Kameras gefilmt wurde, zog ich mich – dabei einen kleinen Striptease imitierend - aus und präsentierte mein recht ansehnliches Gemächt und meinen Hintern. Um zu untermauern, dass ich keinerlei Hemmungen hatte, masturbierte ich aufreizend und schloss dies mit einem recht ansehnlichen Orgasmus ab.

Die Produzenten schienen davon recht angetan gewesen zu sein.

Zumindest hatten sie den Eindruck vermittelt, dass sie nicht so abgeneigt waren wie noch zu Beginn.

Und so wurde mir am Ende mitgeteilt, dass ich durchaus Potenzial hatte und sie sich bei uns melden würden.

Bei uns melden.

Ich denke, jeder von uns weiß, wie das klingt.

Wie Abspeisen. Wie eine etwas höflichere Form von »Das wird nichts! Verpiss Dich wieder dorthin, wo du hergekommen bist!«

Ich zog also mit wenig Hoffnung wieder ab und rechnete damit, dass wir nie wieder etwas von den beiden hören würden.

Doch ich lag wider Erwarten falsch.

Ich war ja gerade zweiundzwanzig geworden, als mein Meister mir mitteilte, dass ihm vonseiten des Studios eine Einladung zu einem Dreh samt Skript zugesandt worden war.

Ich bin vor Freude beinahe umgefallen.

Als ich jedoch hörte, dass es sich dabei um eine inszenierte Vergewaltigung handeln würde, schlug meine Stimmung schnell wieder um.

Denn darauf hatte ich nicht wirklich Lust.

Darüber hinaus verweigerte er mir jedwede Einsicht in das Skript. Seine Begründung lautete dahingehend, dass es ohnehin keine Dialoge gäbe und er es bereits für gut befunden hatte.

Was sollte ich also tun?

Mich verweigern oder, wie schon so oft, leichtfertigerweise einfach zustimmen.

Natürlich tat ich Zweiteres.

Weil es einfach meiner Prägung entsprach.

Weil ich inzwischen wieder begonnen hatte, ihm zu vertrauen.

Weil ich einfach töricht genug gewesen war, mich nach wie vor seinem Willen zu unterwerfen.

Wir fuhren also am vereinbarten Tag ins Studio, wo bereits alles für den bevorstehenden Dreh bereitstand.

Man hatte das Interior eines Zugabteils nachgebaut, mit zwei Sitzbänken und einem Fenster mit zugezogenem Vorhang, was alles in allem sehr realistisch wirkte.

Kurz nach unserer Ankunft trafen auch die drei anderen Darsteller ein. Alles recht gut gebaute, muskulöse Männer, gut einen Kopf größer als ich und so um die Dreißig; kurz gesagt, so wie man sich allgemeinhin Pornodarsteller vorstellte.

Ich hatte verständlicherweise gemischte Gefühle.

Der Gedanke daran, von drei solchen Hünen in die Mangel genommen zu werden, hatte durchaus etwas Beunruhigendes an sich.

Zu meiner Überraschung waren sie, ganz im Gegensatz zu ihrem martialischen Auftreten, sehr nett zu mir. Offenbar mochten sie mich, sodass ich mich schnell wie ein Welpe innerhalb eines Rudels von Wölfen zu fühlen begann.

Die gesamte Atmosphäre war sehr entspannt, was schnell dafür sorgte, dass ich mich wieder beruhigte.

Als der Dreh begann, saßen wir einander in diesem fingierten Abteil gegenüber, während der Zug *losfuhr*.

Nach einer Weile kamen zwei der Darsteller auf mich zu und begannen mich von der Seite festzuhalten, während mir der Dritte das eigens präparierte T-Shirt mit einem Ruck vom Leib riss.

Ganz wie es im Skript vorgesehen war, begann ich mich zu wehren, was im Anbetracht der Körperkraft meiner Kontrahenten nicht einfach war.

Dennoch taten sie mir nicht weh.

Im Gegenteil.

Jeder Griff war wohl abgewogen, sodass ich nie das Gefühl hatte, sie würden mir ernsthaft Schmerzen zufügen wollen.

Doch dieses kurze Vorgeplänkel hatte mich bereits derart erregt, dass ich eine heftige Erektion bekam. Ich empfand diese gespielte Gewalt und diese inszenierte Rohheit der anderen als äußerst erregend.

Als sich schließlich alle ihrer Kleider entledigt hatten, wurden meine Beine hochgezogen und mein Gegenüber begann mich leidenschaftlich zu ficken.

Ich war im siebten Himmel.

Während sie sich stetig abwechselten, wurde mir schnell bewusst, wie gut diese Typen ihr Handwerk beherrschten.

Nichts davon war unangenehm. Egal ob sie mich von hinten oder vorne nahmen, ob sie mir auf den Hintern oder den Bauch spritzen, alles folgte der gleichen Behutsamkeit, obgleich es nach außen hin recht brutal wirkte.

Auch der Regisseur war merklich begeistert.

Zu guter Letzt kam auch ich zum Zug und wurde für meine darstellerische Leistung mit einem heftigen Orgasmus belohnt.

Als es schließlich getan war, saßen wir noch eine Weile beieinander, tranken Kaffee und quatschten ausgiebig.

Mein erster Dreh war also ein voller Erfolg und ich hatte mächtig Spaß daran gehabt.

Doch es sollte leider nicht immer so sein.

Nachdem ich in zwei, drei weiteren Filme ein wenig Erfahrung gesammelt hatte, stand ein paar Wochen später ein weiterer Dreh an, bei dem ich nun den Hauptdarsteller geben sollte.

Neben dem Regisseur waren offenbar auch die Inhaber des Studios so angetan von meinen bisherigen Leistungen gewesen, dass sie mir eine Hauptrolle längst zugetraut hatten.

Das Konzept war ähnlich wie bei meinem ersten Dreh, nur dass es dieses Mal in einer Wohnung anstatt im Studio stattfinden sollte.

Ich durfte einen Fahrradkurier spielen, der in ein etwas skurril anmutendes Raddress gekleidet, von einem seiner Kunden vergewaltigt werden sollte.

Der andere Darsteller fand jedoch nur wenig Gefallen an mir.

Und er ließ mich dies vom ersten Moment an nur allzu deutlich spüren.

Offenbar hatte der kleine, eher dickliche Typ ein Faible für blonde, sportliche Typen, was ich nun mal nicht war.

Während ich als Kind noch blonde Locken trug, war mein Haar inzwischen braun geworden, was ihn eher abzustoßen schien.

Es bedurfte einiges an Überredungskraft der Verantwortlichen, dass er überhaupt mit mir drehte.

Das Problem war nur, dass er mich währenddessen seine ganze Abneigung spüren ließ.

Kaum hatte ich die Tür zu der Wohnung geöffnet, sah ich mich einem Typen gegenüber, der ein Messer in der Hand trug und mich damit zu bedrohen begann.

Aus heutiger Sicht gehe ich nicht davon aus, dass er das damals wirklich spielen musste. Die Antipathie, die er mir gegenüber ganz unverhohlen an den Tag legte, war nur allzu deutlich zu spüren. Ich hatte sie förmlich in seinen Augen gesehen.

Bevor ich mich versah, packte er mich, riss mir die Kleider vom Leib und schleifte mich mit dem Messer an der Kehle ins Wohnzimmer, wo ich schließlich auf eine schmuddelige alte Couch geworfen wurde.

Dort drapierte er mich in ungestümer Manier auf allen vieren, fesselte mit einer Rolle Klebeband meine Arme und Beine und klebte mir zu guter Letzt auch noch den Mund zu.

Ohne mir die Zeit zu geben, mich entsprechend vorzubereiten, rammte er mir drei Finger in den Hintern und begann sie wie wild zu drehen und hineinzustoßen. Dieser plötzliche Schmerz genügte, um mir die Tränen in die Augen zu treiben.

Und er ließ sich Zeit dabei.

Vor allem, als er merkte, dass er mir damit sehr wehtat, tat er alles daran, diesen Moment so lange wie möglich hinauszuzögern.

Ich erlitt Höllenqualen.

Die Fesseln waren so eng, dass ich mich nicht wehren, geschweige denn schreien konnte, denn das Klebeband auf meinem Mund erstickte augenblicklich jeden meiner Versuche im Keim. Lediglich ein dumpfes Wimmern fand noch seinen Weg nach draußen.

Als er schließlich daran ging, mich zu ficken, wurde es nicht besser.

Der Kleine verfügte nämlich über einen recht ordentlichen Schwanz und wusste diesen auch für seine Zwecke einzusetzen.

Nachdem er mich gut eine Viertelstunde durchgehämmert hatte, ohne dass jemand eingeschritten war, begann ich heftig zu heulen. Die Tränen liefen mir in Strömen vom Gesicht, während mein ganzer Körper heftig zitterte. Und erst viel später, als man das unwürdige Schauspiel tatenlos weiter beobachtet hatte, wurde den Herumstehenden endlich klar, dass ich das alles nicht spielte, sondern tatsächlich litt.

»Bring es zu Ende!«, befahl der Regisseur meinem Peiniger. Offenbar hatte er Mitleid mit mir.

»Mach dir nicht ins Hemd!«, antwortete der Typ hinter mir. »Es soll ja echt aussehen! Oder nicht?«

Nur war mir endgültig klar, dass er mich regelrecht zu hassen schien.

Dann laberte er noch eine Zeit lang irgendwelchen Mist vor sich hin, den ich längst nicht mehr verstand.

Mein Blick war längst am Objektiv der Kamera haften geblieben, die unentwegt Großaufnahmen von mir machte.

»Schluss jetzt!«, sprach der Regisseur schließlich ein Machtwort.

»Na schön!«, murrte der Angesprochene, doch nicht, bevor er mir ein paar weitere knallharte Stöße verpasst hatte.

Dann zog er sich aus mir zurück und wichste sich selbst zum Orgasmus, den er mir stöhnend auf den Hintern verpasste.

Am Ende beugte er sich zu mir nach vorne und flüsterte

mir ein bösartig klingendes »Weichei!« ins Ohr.

In diesem Moment hatte ich tatsächlich die Befürchtung, er könnte mir abschließend noch eine verpassen.

Niemals zuvor in meinem Leben hatte ich ein derart hohes Maß an Abneigung verspürt.

Doch Gott sei Dank blieb ich wenigsten davon verschont.

Und während ich mich wieder anzog, hatte ich bereits die Entscheidung getroffen, dass dies mein letzter Dreh gewesen war.

Ich habe danach nie wieder in einem Film mitgewirkt.

KAPITEL XII

BRÜDER & FRAUEN

Die Erlebnisse beim letzten Pornodreh hatten mich ordentlich durcheinandergebracht.

Und nicht nur mich, sondern auch das Verhältnis zu meinem Meister.

Es war weniger die Gewalt, die mir widerfahren war, gewesen – das kannte ich bereits zu Genüge – sondern auch der Umstand, dass E. erneut nicht eingegriffen hatte.

Er hatte einfach dagestanden und zugesehen.

Empathielos, gleichgültig und kalt.

Mein Verdacht, dass es ihm längst nur mehr um Geld ging, hatte sich durch diesen Vorfall umso mehr erhärtet.

Dies hatte zur Folge, dass unser Verhältnis nach und nach schlechter und unsere Treffen immer spärlicher geworden waren.

Hinzu kam, dass ich ihm unmittelbar nach diesem Dreh mitgeteilt hatte, dass ich nicht mehr geneigt wäre, mich auf weitere Wahnsinnsunternehmungen wie diese einzulassen.

Er hatte dies erwartungsgemäß nur widerwillig zur Kenntnis genommen.

Natürlich aus gutem Grund.

Denn mit den Einnahmen aus unserem gemeinsamen Geschäftsmodell sah es inzwischen immer schlechter aus. Die nach wie vor allgegenwärtige Angst vor AIDS hatte unser Kundenstamm stetig kleiner werden lassen, was unser Verhältnis noch zusätzlich belastete.

Seine Cashcow war inzwischen im Begriff, keine mehr zu sein.

Und er ahnte wohl bereits insgeheim, dass ich mich langsam, aber unaufhaltsam von ihm zu lösen begann.

Die Zukunft sah also nicht besonders rosig aus.

Zu guter Letzt hatte E. während dieser Zeit auch noch den Entschluss gefasst, sich von seiner Frau scheiden zu lassen, was seiner ohnehin bereits angeschlagenen Gemütsverfassung noch weniger dienlich gewesen war.

Er hatte mir nie gesagt, warum.

Ich gehe jedoch davon aus, dass er sich nicht mehr imstande gesehen hat, seine bürgerliche Fassade noch länger aufrechtzuerhalten.

Vielleicht hatte er es auch nicht mehr gewollt.

Darüber hinaus waren seine Kinder inzwischen erwachsen geworden, sodass es keine Notwendigkeit mehr gegeben hatte, sich selbst und seiner Frau noch länger etwas vorzulügen.

Ich erinnere mich noch gut daran, dass es eine Zeit gewesen war, die vor allem durch eines bestimmt war: Unsicherheit.

Ohne dass ich es zu diesem Zeitpunkt geahnt hätte, gingen wir in diesem Jahr auch in unser letztes gemeinsames Jahr als Meister und Sklave.

Der einzige Vorteil dieser neuen Situation bestand darin, dass E. sich mittlerweile eine eigene Wohnung genommen hatte. Wir mussten somit unser Versteckspiel vor seiner Familie nicht länger aufrechterhalten.

Seine einstige Geheimwohnung hatte er aus Kostengründen aufgegeben.

Und in eben diese neue Wohnung lud er mich eines Tages ein.

Geplant war, dass wir wieder einmal miteinander spielen, wogegen ich nichts einzuwenden hatte. Wir hatten bereits seit Längerem keine Zeit mehr alleine miteinander verbracht und irgendwie hatte mir der Sex mit ihm doch etwas gefehlt.

Als wir schließlich beginnen wollten, teilte er mir beiläufig mit, dass seine Nachbarin gerne bei unserem Spiel zusehen wollte. Vor allem würde sie interessieren, wie es aussieht, wenn zwei Männer miteinander fickten.

Ich hatte zwar zu Frauen bis dahin gar keinen Bezug mehr, erinnerte mich jedoch noch gut daran, dass ich vor allem während der Grundschulzeit recht gut mit ihnen klarkam.

Ich hatte somit nicht großartig etwas dagegen, auch wenn ich es doch etwas seltsam fand.

Als sie ein paar Minuten später eintraf, zog ich mich wie immer aus und E. fixierte mich mit Händen und Füßen an einem Bondagerahmen.

Dann präsentierte er ihr stolz meinen Schwanz und meinen Hintern und begann mich recht vorsichtig mit einem Rohrstock zu versohlen.

Ich dachte zu Beginn, mein Eindruck würde mich täuschen, doch etwas am Gehabe dieser *Dame* suggerierte mir unterschwellig, dass sie mich nicht ausstehen konnte. Vielleicht hegte sie E. gegenüber irgendwelche amourösen Absichten, sodass sie in mir einen Störfaktor für ihr Unterfangen gesehen hatte.

Da sie nicht mit mir sprach und auch sich auch meinem Meister gegenüber nur knapp artikulierte, konnte ich natürlich nur darüber mutmaßen, doch ich hatte das Gefühl gehabt, dass ich mit meiner Annahme nicht ganz falsch lag.

Denn ihr Blick sprach mehr als tausend Worte.

Ich sah eine tiefe Abneigung, wenn nicht gar Hass darin.

Ähnlich wie bei dem Typen während des letzten Filmdrehs.

Ich schob diese Gedanken jedoch wieder beiseite und versuchte, so gut es im Beisein einer Frau ging, in unser Spiel einzutauchen.

Es dauerte auch nicht lange, bis eine anständige Erektion signalisierte, dass ich Spaß daran hatte.

Doch dann fragte sie ihn plötzlich, ob auch sie mal zuschlagen dürfte.

Ich blickte E. überrascht an, denn damit hatte ich nicht gerechnet.

Doch noch bevor ich irgendeinen Einwand geltend machen konnte, hatte er ihr längst den Rohrstock übergeben und ihr die Erlaubnis erteilt weiterzumachen.

Das kleine Biest ließ sich nicht lange bitten und begann richtig heftig auf mich einzudreschen. Sie hatte offenbar die Absicht an mir ihre gesamte angestaute Wut auszulassen. Zum Glück war sie nicht besonders kräftig, wodurch das alles zwar erträglich blieb, doch je längere es dauerte, umso wunder wurde ich, sodass ich tatsächlich anfing, Schmerzen zu empfinden.

Mein Meister störte sich nicht großartig daran, dass sie so hemmungslos auf mich einprügelte.

Ich sah das etwas anders.

Vor allem stieß mir sauer auf, dass es gerade eine Frau

war, die so mit mir verfuhr.

Als sie dann doch müde geworden war, kam, was immer kam.

E. begann mich von hinten zu ficken.

Da sie mir recht ordentlich den Hintern versohlt hatte, tat natürlich jeder Stoß weh.

Meine Schmerzensschreie, die ich in das Zimmer stieß, verrieten es; was sie wiederum noch mehr amüsierte.

Sie stellte unmittelbar vor mir einen Stuhl hin, setzte sich darauf und begann mich mit irren Augen anzustarren. Offenbar wollte sie jede einzelne Facette des Schmerzes, der sich in meinem Gesicht zeigte, gierig in sich aufsaugen.

Ich ertrug das Ganze, so gut ich konnte, denn vor einer Frau wollte ich mir keine Blöße geben.

Nach einer Weile begann sie ihn sogar lautstark anzufeuern.

»Fick ihn härter! Komm schon!«, höhnte sie, während sie mich weiterhin fixierte.

Das Schlimmste war, als sie schließlich daran ging, an meinem Schwanz herumzufummeln, was ich aufgrund meiner Fesseln nicht hatte verhindern können.

Schon der bloße Gedanke daran, von einer Frau angefasst zu werden, trieb mir ein Gefühl unbändiger Wut in den Bauch.

Sie zog meine Vorhaut so fest zurück, dass ich Angst hatte, das Bändchen an meiner Eichel würde jeden Moment reißen. Wieder und immer wieder. Ich dachte in diesem Moment, die Schlampe hätte tatsächlich die Absicht, mich ins Krankenhaus befördern zu wollen. Denn selbst die am meisten ruchlosen Sadisten, mit denen ich es je zu tun gehabt hatte, waren an dieser Stelle nie so brutal gewesen, da sie im Regelfall gewusst hatten, wie weit sie gehen konnten.

Ich biss die Zähne zusammen und versuchte, keinen Laut von mir zugeben, E.´s Gehämmer gegen meinen wunden Hintern zum Trotz.

Gottlob bemerkte er irgendwann, was sie da anstellte, und stoppte das Ganze schließlich unter dem Vorwand, dass ich nur für Männer zur Verfügung stehen würde.

Doch damit gab sie sich nicht zufrieden.

Im Gegenteil.

Sie wurde richtig wütend.

Und während ich da so vor mich hinhing, entbrannte schließlich ein heftiger Streit zwischen den beiden, der damit endete, dass sie wutentbrannt die Wohnung wieder verließ.

E., der ganz offensichtlich genauso verdutzt war wie ich, band mich los und entschuldigte sich dafür, wie das Ganze gelaufen war. Er rechtfertigte sich damit, dass er nicht gewusst hätte, dass er es mit hier mit einer Verrückten zu tun gehabt hatte.

Als Wiedergutmachung blies er mir noch einen, wonach mir eigentlich nicht mehr zumute gewesen war.

Ich glaubte ihm nicht, sondern hatte vielmehr den Eindruck, dass er auf der ständigen Suche nach etwas Neuem nur mehr Mist zu bauen imstande war.

Mein Vertrauen zu ihm sank nun wieder allmählich gegen Null.

Ich hatte das Gefühl, dass er nichts mehr unter Kontrolle hatte. Und ein Meister, der keine Kontrolle mehr hatte, war kein Meister.

Und ich glaube aus heutiger Sicht, dass er das in diesem Moment auch bemerkt hat.

***

Ich habe E. für dann eine längere Zeit nicht mehr getroffen. Um mich einigermaßen über Wasser zu halten, ging ich dem ein oder anderen Gelegenheitsjob nach, was jedoch nicht ausreichte.

Ich war also froh darüber, dass er mich nach einigen Monaten wieder kontaktierte und mir einen neuen Auftrag in Aussicht stellte.

Nach einigem Herumgestotterte überbrachte er mir jedoch die Hiobsbotschaft, dass es sich bei dem vermeintlichen Kunden um – sie erraten es sicher – um Psycho handelte.

Sie wissen schon: Der Typ mit dem Andreaskreuz, dem Käfig und der Sammlung von Folterinstrumenten, die jeden SM-Shop vor Neid erblassen ließ.

Da ich jedoch dringend Geld brauchte, willigte ich ein, jedoch nur unter der Bedingung, dass es dieses Mal gewisse Grenzen geben müsse.

So wollte ich zum Beispiel keine Minute mehr in diesem Käfig verbringen, vor allem aber wollte ich sicher sein, dass mein Codewort akzeptiert werden würde.

E. sicherte mir all das zu.

Ich war zwar nach wie vor skeptisch, hatte aber angesichts meiner Lage keine großartige Wahl.

Überraschenderweise verlief dieses Treffen, das gleichzeitig auch mein letztes mit diesem Soziopathen sein sollte, ganz anders als ich dachte.

Gleich nachdem er uns die Tür geöffnet hatte, war er erstaunlich freundlich, beinahe schon sanftmütig, was im vollkommenen Widerspruch zu seinem nach wie vor martialischen Auftreten stand.

E. ging mit ihm kurz die Bedingungen für diese Zusammenkunft durch und er stimmte jedem einzelnen Punkt davon zu.

Ich wusste erst nicht, wie ich darauf reagieren sollte, beschloss aber, weiterhin auf der Hut zu sein. Immerhin war Psycho in all den Jahren bei Weitem der Schlimmste gewesen, was in Anbetracht meiner bisherigen Erfahrung doch etwas heißen mochte.

Es mutete wie Routine an, als er mich in seine Folterkammer führte, wo ich mich auszog und schließlich an das Andreaskreuz gebunden wurde. Allerdings tat er es dieses Mal rücklings, sodass er gar nicht die Möglichkeit hatte, mich zu ficken.

Dann befahl er mir den Mund zu öffnen.

Ich tat wie mir geheißen und er schob ganz sanft drei Finger hinein und forderte mich auf, daran zu lutschen.

Ich war zunächst etwas perplex, denn dieses Vorgehen hatte ich mir so nicht erwartet.

Dann begann er mich tatsächlich zu streicheln!

Er streifte mir liebevoll über die Brust und über meine Schenkel, spielte sanft mit meinem Schwanz herum und liebkoste mich von oben bis unten, ganz ohne mir dabei wehzutun.

Immer wieder fuhr er mir mit den Fingern tief in den

Mund, entnahm meinen Speichel und massierte ihn gekonnt in meine Eichel ein.

Ich versuchte mich zu beherrschen und nicht zu früh zu kommen, da ich natürlich wollte, dass mein Kunde zufrieden ist und für sein Geld etwas geboten bekommt.

Doch seine Art der Stimulation war derart effizient und in hohem Maße anregend, dass ich nach etwa einer Stunde den besten Orgasmus meines Lebens hatte.

Er nahm auch wohlwollend zur Kenntnis, dass er mich so an meine Lustgrenze gebracht hatte und lächelte mich dankend an.

Ich dachte tatsächlich, ich stehe im Wald.

Der Grund für dieses seltsame Verhalten wurde uns einige Minuten später auch klar.

Als ich mich wieder angezogen hatte, bot er meinem Meister fünfundzwanzigtausend Mark als Ablöse für mich an!

Zu jener Zeit war das ein ordentlicher Batzen Geld und in unserer gegenwärtigen Situation beinahe wie ein Lottogewinn.

Doch ich hoffte dennoch, dass E. ablehnen würde.

Denn ich war mir sicher, dass das, was Psycho soeben mit mir gemacht hatte, nicht seiner eigentlichen Gesinnung, geschweige denn seinen tatsächlichen Absichten entsprach.

Vor meinem inneren Auge sah ich mich bereits wie eine Amsel in diesem verfluchten Käfig dahindämmern, nachdem er stundenlang seine abartigen Gewaltfantasien an mir ausgelebt hatte.

Der Wahnsinnige bestätigte all diese Befürchtungen

schließlich auch, in dem er uns lang und breit schilderte, was er mit mir vorhatte.

Ich sollte vorrangig ihm selbst, darüber hinaus jedoch auch seinen Gästen dienen. Er versuchte mich dadurch zu beschwichtigen, dass ich als Behausung natürlich einen größeren Käfig bekommen würde, indem ich sogar stehen könnte.

Ich würde natürlich auch anständig zu essen und anzuziehen bekommen und er würde aus mir einen richtigen Mann machen, sodass ich nicht länger dieser Hungerhaken sein würde.

Er hatte also tatsächlich vor, mich sieben Tage die Woche, vierundzwanzig Stunden am Tag als seinen persönlichen Sklaven zu halten, sodass er jederzeit die Möglichkeit haben würde, mich nach gut Dünken vergewaltigen zu können.

Und nicht nur er, sondern natürlich auch seine Gäste.

Ich war fassungslos.

Und ich sah, dass es E. ähnlich ging.

Doch dieser Typ meinte das tatsächlich ernst.

Nachdem er unsere Ablehnung bemerkte, erhöhte er sein Angebot sogar noch.

Doch E. lehnte erneut ab.

Er lehnte ab, ohne lange dabei zu überlegen. Es schoss förmlich aus ihm heraus, dass so etwas für ihn nie infrage kommen würde.

Psycho blieb am Ende nichts anderes übrig, als diese Entscheidung zu akzeptieren.

Doch es brodelte in ihm.

Es war nicht zu übersehen. Eine Entscheidung wie die

meines Meisters schien in seinem Selbstverständnis keinen Platz zu haben. Denn offenbar gab es in seiner Welt nichts, was er sich für Geld nicht kaufen und nichts, was er nicht kontrollieren konnte.

Zumindest bis zu diesem Tag.

Ich drängte E. schnellstmöglich wieder zu verschwinden, da ich Angst hatte, die Sache könnte eskalieren.

Der Blutdruck dieses Irren war inzwischen wohl in schwindelerregende Höhen vorgestoßen; ich sah es in den dicken Venensträngen, die an seinem Hals hervortraten, vor allem aber an seinem Gesicht, das sich zusehends rot färbte.

Doch wid Erwarten ließ er uns tatsächlich gehen.

Ich hoffte inständig, ihn nie wiedersehen zu müssen.

Eine Hoffnung, die jedoch vergeblich gewesen war.

***

Wir suchten am nächsten Tag unsere Stammkneipe auf, um die letzten Ereignisse bei einem gemütlichen Bier revuepassieren zu lassen.

Wir taten das eigentlich nur mehr selten, denn aus unserem einstigen Hort der Gemütlichkeit, war längst eine verkappte Drogenhöhle geworden, in der sich ein Heer von Strichern gegenseitig die Klinke in die Hand drückten, um ihre dreckigen Geschäfte abzuwickeln.

Wir sahen uns mehr und mehr Gestalten gegenüber, die wie Geister an uns vorübergingen. Ausgemergelt, dünn und fahl im Gesicht. Schatten, die in einer Welt jenseits der Wirklichkeit, so wie Sie sie kennen, ihrem ungewissen

Schicksal entgegentaumelten.

Überall auf den Toiletten lagen Spritzen oder volle Kondome herum. Der Schmutz und der Gestank hatten mittlerweile ein Ausmaß erreicht, das unerträglich war.

Es war offenkundig, dass das Elend schleichend Einzug in unsere kleine Welt gehalten hatte.

Alles schien langsam seinem vorbestimmten Ende entgegenzugehen.

Wie auch mein gemeinsamer Weg mit E..

Wir versuchten zwar so gut es ging, alles beiseitezuschieben, alles einfach aus unserem Blickfeld zu verbannen, doch die bittere Realität lässt sich auf lange Sicht nicht einfach verdrängen.

Für mich war dieser Zustand längst ein Sinnbild dafür geworden, dass die Szene, in der wir uns so lange wohlgefühlt hatten, längst dem Untergang geweiht war.

Es hatte etwas Trauriges an sich gehabt.

Und ich gehe aus heutiger Sicht auch davon aus, dass E. ähnlich empfunden hatte.

Während wir also gedankenverloren an unseren Bieren nippten und wie zwei Rentner der guten alten Zeit nachtrauerten, geschah etwas vollkommen Unerwartetes.

Psycho betrat die Kneipe.

Wir waren natürlich überrascht, da er diese Spelunke noch nie betreten hatte. Eine Absteige wie diese hatte mit Sicherheit nicht der Vorstellung eines derart reichen Schnösels entsprochen.

Er setzte sich wortlos und mit einigem Abstand zu uns in eine Ecke und begann sich ein Bier nach dem anderen hinunterzustoßen.

Wie sich später herausstellte, wohl um seine letzten Hemmungen in Alkohol zu ertränken. Sofern dieser Typ überhaupt jemals irgendwelche Hemmungen gehabt hatte.

Als sein Alkoholspiegel schließlich jenes Niveau überschritten hatte, in dem alle Hemmungen wie von selbst von einem abfallen, begann er uns mit einem irren Ausdruck im Gesicht unentwegt anzustarren.

Ich versuchte nicht darauf zu achten, spürte aber nur zu deutlich, wie seine Blicke unablässig an uns haften blieben.

Es war, als ob er Giftpfeile aus seinen Augenhöhlen auf uns abfeuern würde.

Offenbar hatte er unsere Absage noch immer nicht verkraftet und uns bis hierher verfolgt.

Ich ahnte bereits, worauf das hinauslaufen würde, beruhigte mich aber selbst damit, dass wir uns an einem öffentlichen Ort befanden, an dem die Wahrscheinlichkeit eines Übergriffes doch relativ gering war.

So dachte ich zumindest.

Denn kaum hatte er das letzte Bier in einem Zug hinuntergestoßen, sprang er auf.

Der Stuhl, auf dem er gesessen hatte, flog an die Wand dahinter und er kam wutentbrannt auf uns zu.

Auf dem Weg packte er einen der Barhocker und hob ihn mit einer Leichtigkeit hoch, die ihresgleichen suchte. Die Dinger waren zum größten Teil aus Metall und wogen gut und gerne um die zwanzig Kilo, was für den tollwütigen Hünen kein großes Problem darstellte.

Der irrwitzigen Hoffnung erlegen, er wolle sich einfach zu uns setzen und uns lediglich zur Rede stellen, blieben wir wie angewurzelt sitzen und starrten wie gebannt in seine Richtung.

Kaum zwei Meter von uns entfernt, schleuderte er den Hocker, begleitet von einem inbrünstigen Schrei, mit einer Wucht auf uns, als wäre er aus einer Haubitze abgefeuert worden.

Es gelang uns erst im letzten Moment dem Geschoss auszuweichen, welches dann krachend in den Tresen einschlug.

Ich suchte instinktiv Schutz hinter E., der zwar auch nicht der Kräftigste, aber immerhin noch stärker als ich war, während Psycho umgehend die zweite Welle seines Angriffs startete.

Dann ging er wie von Sinnen auf uns los, während wir, nun vollends von Panik ergriffen, augenblicklich unser Heil in der Flucht in den hinteren Teil der Kneipe suchten.

Der nun vollkommen außer Kontrolle geratene Wahnsinnige nahm sofort die Verfolgung auf.

Stühle und Sessel wurden zur Seite geschleudert, während er wüste Beschimpfungen in unsere Richtung spie.

Der Irre hatte inzwischen eine wahre Schneise der Verwüstung durch die Bar geschlagen.

Ich zitterte längst am ganzen Körper und drängte mich an dem hässlichen goldenen Flügel vorbei, während ich vollkommen von Panik ergriffen den Weg in Richtung Hinterausgang suchte.

Gott sei Dank waren die restlichen Anwesenden inzwischen auf das Treiben aufmerksam geworden und gingen sogleich daran, den Irren aufzuhalten.

In Anbetracht seiner unbändigen Kraft, gepaart mit einer Form von Wut, wie ich sie noch nie zuvor erlebt hatte, war das natürlich kein leichtes Unterfangen gewesen.

Letztendlich waren ganze vier Personen notwendig, um ihn aus der Bar zu schleifen und schließlich der Polizei zu übergeben.

Wir selbst standen noch eine ganze Weile zitternd da, wie betäubt davon, was dieser Typ gerade abgezogen hatte.

Erst als der Polizeiwagen hinter der nächsten Ecke verschwunden war, trauten wir uns wieder aus der schützenden Nische, in die wir uns verkrochen hatten.

Wir verließen die Kneipe, so schnell wie wir konnten und kamen nie wieder zurück.

Was über die Jahre aus der Spelunke geworden ist, entzieht sich meiner Kenntnis. Als ich nach einigen Jahre zufällig an jener Stelle vorbeifuhr, wo ich gemeinsam mit Äffchen meinen großen Auftritt gehabt hatte, war sie längst verschwunden.

So wie das gesamte Szeneviertel, das ich eine ganze Zeit lang als meine zweite Heimat angesehen hatte.

***

Da ich zusehends das Gefühl hatte, ich wäre in E.´s Gegenwart einem ständigen Risiko ausgesetzt, beschloss ich eine Weile alleine um die Häuser zu ziehen.

Mich gewissermaßen als Einzelkämpfer auf die Pirsch zu begeben.

Ich tat das vor allem nachts, weil ich mich im Schutz der Dunkelheit einigermaßen sicher fühlte. Weit weg von Freiern, weit weg von E. und seinen inzwischen hilflos anmutenden Versuchen, mit mir doch noch etwas Geld verdienen zu wollen.

Und so geschah es, dass ich bei einem dieser Ausflüge ein Brüderpaar - genauer gesagt waren es Zwillinge - kennenlernte.

Die beiden waren extrem gut aussehend, hoch aufgeschossen und muskulös.

Eben genau der Typ Mann, der mich so sehr anzog.

Wider Erwarten waren sie sehr nett, sodass wir bei einigen Bieren schnell ins Gespräch kamen. Nachdem der Abend weit fortgeschritten war und wir uns prächtig amüsiert hatten, luden sie mich zu einer Party ein, die einige Tage später in ihrer Wohnung stattfinden sollten.

Eine Fußballparty, genauer gesagt.

Ich hatte zwar mit diesem Sport nichts am Hut – was nebenbei bemerkt auf fast alle Sportarten zutraf – sagte aber dennoch zu.

Alles war zum diesem Zeitpunkt besser als alleine zu sein. Selbst meine Wohnung, die ich stets als meinen Zufluchtsort betrachtet hatte, als mein Heiligtum, in dessen schützenden Mauern ich die Welt dort draußen einfach hinter mir lassen konnte, war mir längst zu eng geworden. Ich hatte einfach unablässig das Gefühl gehabt, mir würde die Decke auf den Kopf fallen.

Als ich E. einige Tage später traf, erzählte ich ihm von der Einladung.

Ich konnte damals nicht richtig beurteilen, ob er enttäuscht davon gewesen ist, dass ich mir inzwischen zusehends anderen Umgang suchte.

Es war seit jeher stets schwierig gewesen, seine Reaktionen richtig zu deuten.

Ich erinnere mich jedoch recht gut daran, dass ich ihm

die Frage stellte, ob er mitkommen wollen würde, obgleich ich natürlich hoffte, es würde es nicht tun.

Doch er meinte lediglich, dass er sich bei einer Party mit derart jungen Gästen nicht wirklich wohl fühlen würde und er in der Arbeit ohnehin zu viel zu tun hatte.

Ich interpretierte dies einfach so, dass er mir die Erlaubnis gegeben hatte.

Nicht dass ich sie nüchtern betrachtet gebraucht hätte. Doch er war noch immer mein Meister und ich hatte nach wie vor nicht im Sinn, unseren Vertrag zu brechen.

***

Als der Abend schließlich gekommen war, erschien ich pünktlich und bestmöglich herausgeputzt in der Wohnung der beiden Adonisse.

Die Party war bereits in vollem Gange gewesen.

Im recht großen Wohnzimmer floss der Alkohol längst in Strömen.

Durch das rege Stimmengewirr der gut zwanzig Gäste, die allesamt in meinem Alter waren, dröhnte das Kreischen der Zuschauer eines Fußballspiels aus den Lautsprechern eines uralten Fernsehers, während der süßliche Geruch von Marihuana sich längst bis in den letzten Winkel dieser etwas unordentlichen Studentenbude ausgebreitet hatte.

Die Stimmung war also längst auf ihrem Höhepunkt, als sich der schüchterne, hagere Sonderling an so manch prächtig gebautem Sport-Ass möglichst unauffällig vorbeidrückte.

Es war für mein inzwischen geschultes Auge kaum zu

übersehen gewesen, dass die meisten Teilnehmer dieses Gelages ebenfalls schwul waren.

Als einer der Brüder mich erblickte, kam er sogleich auf mich zu, umarmte mich und zog mich wortlos in das Schlafzimmer nebenan.

Bei diesem Prachtexemplar unserer Gattung hatte ich selbstverständlich keinerlei Einwände gehabt.

Im Gegenteil.

Als er mich an die Wand neben einem großen Doppelbett drückte und mich leidenschaftlich zu küssen begann, hatte meine Erregung längst ein Ausmaß erreicht, das kaum mehr zu übersehen war.

Als der Zwilling das bemerkte, grinste er kurz verstohlen und begann mir gekonnt T-Shirt und Hose vom Körper zu streifen.

Dann hob er mich hoch und trug mich behutsam auf das Bett.

Das Gefühl, von derart starken Armen getragen zu werden, war unbeschreiblich. Ich fühlte mich sicher, vor allem aber begehrt.

Kaum hatte er mich bäuchlings zum Liegen gebracht, drang er langsam in mich ein und begann mich leidenschaftlich zu ficken. Ich krallte mich an der Bettdecke fest und gab mich ihm vollkommen hin.

Bis er urplötzlich innehielt.

Ich blickte etwas verwirrt nach hinten. »Was ist los? Scheiße, mach weiter!«

Kurz darauf wurde mir klar, warum er dieses fantastische Gerammel schlagartig unterbrochen hatte.

Er hatte eine meiner Striemen am Rücken entdeckt und

begann sie langsam mit dem Zeigefinger nachzuzeichnen.

»Was ist das?«, fragte er leise.

»Unwichtig!«, antwortete ich. »Fick mich einfach weiter!«

Doch er ließ sich damit nicht abspeisen. »Was ist das?«

Ich erinnere mich genau, wie ich laut aufseufzte. Ich wollte einfach nur Sex haben und verspürte keinerlei Verlangen, irgendwelche Erklärungen abzugeben.

Doch er drängte mich unablässig weiter.

Und während er sich aus mir zurückzog und sich neben mich setzte, erzählte ich ihm in einer schnellen Zusammenfassung, was es damit auf sich hatte.

Es war unabsehbar, dass er schockiert gewesen war.

»Und das gefällt dir?«, wollte er wissen, nachdem ich zu Ende gekommen war.

»Meistens schon!«

Er schüttelte ungläubig den Kopf und saß noch eine Weile schweigend neben mir.

Währenddessen streichelte er sanft meinen Rücken, ganz so, als wollte er sich selbst begreiflich machen, was es bedeutete, derartig abstrakten Gewohnheiten zu frönen.

Ich konnte natürlich erahnen, was in ihm vorgegangen sein musste. Die meisten Menschen kannten derartige Praktiken höchstens vom Hörensagen. Und ich kam nicht umhin festzustellen, dass er vielleicht auch ein wenig fasziniert davon gewesen sein mochte.

»Machst Du jetzt endlich weiter?«, forderte ich ihn schließlich auf. »Oder willst Du mich noch länger in meinem eigenen Saft schmoren lassen!«

Er ließ sich nicht noch einmal bitten.

Doch bevor er wieder über mich kann, lief er noch

schnell zur Schlafzimmertür und öffnete sie.

Schlagartig flutete der Lärm von draußen das Zimmer, während er wieder hinter mich kam und erneut begann, mich so richtig durchzuficken.

Ich war so in Ektase gewesen, dass mir auch das egal war.

Selbst dann, als einige der anderen Gäste hereingeschneit kamen und uns bei unserem Treiben fasziniert zusahen.

Unter ihnen war auch der Bruder meines geilen Stechers gewesen.

Als ob der eine mich nicht bereits genug bedient hatte, kam von da an die Sache erst so richtig in Schwung.

Kaum war der eine fertig, kam ich noch in den Genuss, dass das genetische Äquivalent seinen prächtigen Schwanz in mich schob und dort weitermachte, wo sein potenter Bruder aufgehört hatte.

Schließlich kam noch ein Dritter hinzu, der die längste Zeit bereits mit dem Schwanz in der Hand neben dem Bett gestanden hatte.

Es postierte sich vor mir und ich stieß mir sogleich gierig sein Ding in den Mund.

Seltsamerweise hatte mich dieses Mal der Blowjob nicht gestört.

Im Gegenteil.

Vielleicht war es am Umfeld oder einfach an der Gesellschaft gelegen, aber ich polierte ihm sein Ding, wie ich es noch nie zuvor bei jemanden getan hatte.

Selbst bei meinem Meister nicht.

So ging das eine ganze Weile.

Begleitet von den begeisterten Zurufen der Zuseher,

wechselten sich der Neue und der Bruder ständig ab.

Jener, der zum jeweiligen Zeitpunkt hinter mir gewesen war, ging jeweils immer daran, mir auch einen runterzuholen.

Ich weiß noch genau, dass ich vollkommen von der Rolle war.

Niemals zuvor hatte mir Sex solchen Spaß gemacht.

Wir kamen beinahe gleichzeitig.

Als uns alle schließlich der kleine Tod übermannt hatte, sanken wir zufrieden auf die Laken nieder.

Währenddessen gesellten sich immer mehr Leute in das kleine Zimmer und wollten ebenfalls wissen, was es mit meinen Narben auf sich hatte.

Als ich erneut eine kurze und bündige Erklärung abgegeben hatte, entbrannte eine angeregte Diskussion über das, was es mit meinem etwas seltsamen Tun so auf sich hatte.

Die Reaktionen schwankten von blankem Entsetzen bis hin zu ehrlicher Bewunderung.

Ich tue mich unter normalen Umständen schwer, derart im Mittelpunkt der Aufmerksamkeit zu stehen. Doch diese Gruppe von Männern, diese für mich eigentlich Fremden, gaben mir das Gefühl, dass es keine Schande war, so offen über alles zu reden.

Das Gespräch mit dem netten Schauspieler kam mir plötzlich wieder in den Sinn.

Und auch die Mahnungen des Regisseurs fluteten wie von selbst erneut durch mein Bewusstsein.

Gepaart mit den Erfahrungen, die ich soeben in dieser Runde gemacht hatte, kam ich in diesem Moment endgültig zu dem Schluss, dass sie alle Recht hatten.

Und es geschah in diesem Moment, dass ich mich tatsächlich imstande sah, endlich eine Entscheidung zu treffen.

KAPITEL XIII

TRAUER & FREUDE

Die Zeit des Abschieds näherte sich mit großen Schritten.

Ich hatte zwar noch keinen exakten Plan gefasst, wie oder wann es geschehen sollte, doch ich war mir bereits sicher, dass es in absehbarer Zeit so weit sein würde.

Es musste nur der richtige Moment kommen.

Irgendein Ereignis, der sprichwörtliche Tropfen, der das Fass endgültig zum Überlaufen bringen würde.

Noch sah ich den Moment nicht.

Vielleicht wollte ich ihn auch gar nicht sehen. Denn die Zukunft, die sich dahinter auftat, war alles andere als gewiss.

Im Gegenteil.

Sie hatte sich so düster wie ein herannahender Sturm ausgenommen.

Ich hatte also Angst.

Noch immer.

Doch dann geschah es einfach.

Ganz unverhofft und plötzlich.

Ich bin mir bis heute nicht darüber im Klaren, warum es gerade dieser Moment gewesen ist, der alles verändert hat; doch ich war zu jener Zeit nicht mehr imstande, etwas dagegen zu unternehmen, geschweige denn es noch irgendwie aufzuhalten.

Mein Meister hatte mich gemeinsam mit einem seiner Freunde in seine Wohnung geladen. Es sollte das übliche

Spiel unter uns werden, ohne jedwede Beteiligung eines Freiers.

Denn seit dem Vorfall in der Kneipe hatte auch er die Öffentlichkeit weitgehend gemieden, aus Angst davor, dass es vielleicht eine neuerliche Begegnung mit dem verschmähten Irren geben könnte.

Und ich für meinen Teil hatte mich längst anderen Kreisen zugewandt.

Und so dachte ich mir an diesem Tag nichts großartig dabei und ging davon aus, dass es vielleicht ein nettes Spiel werden würde.

Ganz so, wie wir sie früher des Öfteren gespielt hatten.

Ich wollte nichts weiter als ein wenig Spaß haben, wieder einmal ein wenig Schmerz empfinden und mich einfach nur lebendig fühlen.

Eben ganz, wie es mir entsprach.

Der Zweite, so versicherte er mir, sollte lediglich die Rolle eines passiven Beobachters innehaben und nur dann und wann ein wenig Hand anlegen.

Es begann damit, dass die beiden meine Hände fesselten und mich mittels einer Kette an einem Haken an der Decke festzurrten und ein wenig hochzogen.

Ich stand als lediglich auf den Zehenspitzen da, während meine Arme schnurgerade nach oben zeigten.

Nichts, was mich besonders beeindruckte, obgleich die Schultern ein wenig schmerzten.

Dann begannen die beiden mich hin und her zu schubsen.

Im Prinzip eine harmlose Neckerei, die nur der Beginn des Spiels sein sollte und mir eigentlich nichts anhaben hätte sollen.

Doch an diesen Tag hatte ich selbst das nicht mehr verkraften können.

Das Geschubse nahm sich nach und nach wie die schlimmste Folter aus, die ich je hatte erdulden müssen.

Nicht körperlich, sondern vor allem psychisch.

Es war, als würde ich angeschnallt in einem Auto sitzen, das sich wieder und wieder überschlug.

Ich begann schwer zu atmen oder vielmehr zu keuchen, wie ein Fisch auf dem Trockenen, der verzweifelt nach Luft schnappte.

Ohne dass ich etwas dagegen tun konnte, schossen mir Tränen ins Gesicht und ich begann zu weinen, wie noch nie zuvor in meinem Leben.

Ich kann es mir bis heute nicht erklären, was geschehen ist.

Vielleicht hatte in diesem Moment all das angestaute Leid, all die angestaute Wut, all der erlittene Schmerz ein Ausmaß erreicht, dass ich einfach nicht mehr ertragen konnte. Wie der Tropfen, der das sprichwörtliche Fass letztendlich zum Überlaufen brachte.

Ich befand mich wohl unterbewusst zwischen zwei Welten. Auf der einen Seite jene, in der ich bisher gelebt hatte, auf der anderen hingegen das Unbekannte. Das Unbekannte, ohne Leid, ohne Schmerz und ohne all diese Demütigungen, vor allem aber ohne E..

Die Frage war nur, in welche davon ich nun meinen Fuß setzten würde.

Als das Geschubse schließlich zu einem heftigen Stoßen wurde, konnte ich es nicht mehr länger ertragen.

Und dann brach es einfach aus mir heraus.

»Stop!«

Ich erschrak selbst über die Vehemenz, mit der ich diesen Schrei ausgestoßen hatte.

Er hatte die vorherrschende Geräuschkulisse durchschnitten wie eine Kreissäge, die sich unbarmherzig in weiches Holz fraß.

Und er verfehlte seine Wirkung nicht.

Die beiden stoppten ihr Tun und sahen mich verdutzt an.

E. löste die Kette und ich klatschte wie ein nasser Sack auf den Boden, wo ich eine ganze Weile heulend liegen blieb. Ich zitterte am Körper, krümmte mich zusammen wie ein Ungeborenes im Mutterleib, unfähig zu sitzen oder gar zu stehen.

Hinter diesem Schleier aus Tränen und maßloser Verbitterung erschien schließlich E.´s Gesicht vor mir. Er hatte sich zu mir hinuntergebeugt und mir die Hand auf die Schulter gelegt.

»Was ist los?«, drang es dumpf zu mir hindurch.

Es dauerte einen unendlich langen Moment, bis ich imstande war zu antworten.

»Ich kann nicht mehr!«, hauche ich ihm leise entgegen. »Ich kann einfach nicht mehr! Ich kann nicht mehr!«

E. schickte seinen Kumpel mit einer flüchtigen Handbewegung nach draußen.

Dann setzte er sich zu mir und sah mir tief in die Augen.

»Dann musst du gehen!«

Ich riss die Augen weit auf.

Blicke begegneten einander. Blicke voll Traurigkeit, voll vager Hoffnung und gleichwohl erfüllt von der Gewissheit, dass es nun tatsächlich ein Ende hatte.

Ich zögerte keinen Moment.

Ich wankte auch nicht mehr.

Ich stand auf, zog mich an und blickte hinab auf das Häufchen Elend, das nun unter mir auf dem Fußboden kauerte.

»Geh!«, sagte er zu mir, mit Tränen in den Augen. »Geh! Aber wenn Du das tust, werden wir uns nie mehr wiedersehen!«

Und dann weinte er vollkommen enthemmt darauf los. Niemals zuvor habe ich ihn weinen gesehen. Für mich war er die meiste Zeit - all seiner Fehler und Makel zum Trotz - der Fels in der Brandung gewesen. Jemand, zu dem ich aufsehen konnte. Jemand, für den ich tiefsten Respekt empfunden hatte. Jemand, an dem ich mich festhalten konnte.

Ihn nun so zu sehen, wimmernd wie ein Kleinkind, dem man seinen Süßigkeiten verwehrt hatte, war letztendlich der Auslöser, dass unser Band nun endgültig gerissen war.

Ein allerletztes Mal strömten die gemeinsamen Jahre an mir vorüber. Es geschah wie im Zeitraffer. Das Gute, wie auch das Schlechte. Alles, was uns verbunden und gleichwohl auch voneinander getrennt hatte.

Doch es gab kein Zurück mehr.

Nicht für mich.

Die Nabelschnur, die mich so lange genährt hatte, war nun endgültig durchtrennt worden.

Ich nickte kurz, rang mir ein letztes, mühevolles Lächeln ab, wandte mich um und ging.

Sechs Jahre hatten wir gemeinsam verbracht.

Sechs lange Jahre.

Und mit einem Schlag war die Uhr nun wieder auf Null gestellt worden.

Für mich begann an diesem Tag eine neue Zeitrechnung.

Anno E..

Nach E..

Ich ging hinaus in ein verlassenes Treppenhaus, das in all seiner Leere genau widerspiegelte, wie es nun in mir aussah.

Leer.

Ich war allein.

Von allen verlassen.

Doch da war noch etwas anderes: Ich war endlich frei. Frei zu tun, was auch immer ich wollte. Frei von Leid, frei von Schmerz und frei von Demütigung.

Und im Strudel dieser neuen Sinneseindrücke ging sogar der Schmerz unter, den über ich die Trennung von E. empfand.

Ich war dem Abgrund tatsächlich entflohen; hatte mich dem mühevollen Aufstieg gestellt, mich mit letzter Kraft an den Rand dieser tödlichen Tiefe gezogen, war aufgestanden und hinaus in das Licht getreten.

Als ich die Tür nach draußen aufstieß, begrüßte mich das warme Licht eines späten Sommernachmittags.

Und es fühlte sich gut an.

***

Sie fragen sich an dieser Stelle sicher, warum ich das alles erzähle, nicht wahr?

Ob ich vielleicht nur ein weiterer Selbstdarsteller bin, der, ganz dem gegenwärtigen Mainstream folgend, einfach nur Aufsehen erregen oder gar nur Geld machen will.

Nun, ich muss Sie enttäuschen.

Nichts davon trifft zu.

Denn die Erklärung ist relativ simpel: Dieses Buch war die beste Therapie für mich.

Besser als jede Behandlung eines Psychiaters, eines Psychologen oder jedes anderen wie auch immer gearteten Gehirndoktors, der nur allzu gerne an der Psyche eines Menschen herumspielt, wie ein Schuljunge am getragenen Höschen irgendeines Mädchens.

Da ich durch meine spätere berufliche Laufbahn und auch durch das Zutun meiner bis zuletzt so fürsorglichen Eltern finanziell recht gut versorgt bin, war auch Geld nie ein Motivator für dieses Unterfangen.

Ich wollte Ihnen einfach meine Geschichte erzählen.

Es ist eine traurige Geschichte, zugegeben. Und sie ist gleichzeitig eine Warnung. Ich denke, sie legt auf erschreckende Weise offen, dass einige wenige falsche Entscheidungen oft verheerende Konsequenzen nach sich ziehen können.

Erinnern Sie sich noch an den Flügelschlag des Schmetterlings zu Beginn?

Geben Sie gut acht, welche Flügelschläge sie selbst vollführen.

Meine waren zwar nicht immer willkürlich.

Besonders am Beginn meines Lebens.

Aber dennoch.

Wir haben unser Schicksal zumeist selbst in der Hand, auch wenn uns von außen nur allzu oft suggeriert wird, dass dem nicht so sei.

Vielleicht fragen Sie sich auch, ob ich inzwischen *geheilt* bin, sofern man mein Tun als Krankheit ansehen kann.

Nun, das bin ich selbstverständlich nicht.

Ich leide nach wie vor unter meinen Ängsten, bin nach wie vor unfähig, etwas alleine zu unternehmen, bin der unumstößlichen Meinung, jeder Mensch auf dieser Welt sei besser als ich und ich sage nur allzu gerne zu allem *Ja und Amen*.

Für die Menschen, mit denen ich mittlerweile zu tun habe, kann das durchaus belastend sein; allen voran für meinen Mann, mit dem ich inzwischen mehrere Jahrzehnte verbracht habe.

Ich stelle mir immer wieder die Frage, wie er all das eigentlich erträgt.

Denn wie ich bereits zu Beginn erwähnt habe, hat sich mir meine Seele seit den Tagen im Kinderheim verschlossen.

Und wir wollen nach wie vor nichts miteinander zu tun haben.

Ich verspüre nach wie vor diese enervierende innere Leere und diese Einsamkeit. Ich bin inzwischen der absoluten Überzeugung, dass Kindesmissbrauch stets den Tod der Seele bedeutet.

In meinem Fall hat es darüber hinaus den Weg in das Verderben gebahnt.

Und ich bin bis heute nicht in der Lage, mich von diesem Verderben zu befreien.

Ich trage nach wie vor dieses unsichtbare Schild auf meiner Stirn, auf dem in leuchtenden Lettern »Missbrauch mich!« steht, und ich bin mir absolut darüber im Klaren, dass ich nie wieder imstande sein werde, es loszuwerden.

Ich kann es nicht einfach wegwerfen, nicht einfach abschütteln, so wie man eine lästige Gewohnheit abschüttelt.

Es wird immer da sein.

Eingebrannt in meine Seele, oder zumindest in das, was davon noch übrig ist.

Die Folge davon ist, dass das Zusammenleben mit mir nach wie vor nicht leicht ist.

Ich habe absolut keinen Sinn für Romantik und verfüge schon gar nicht über die nötige Empathie, um mich in meine Mitmenschen hineinzuversetzen.

Am schlimmsten ist wohl, dass ich keine Liebe empfinden kann.

Meine Fähigkeit zu lieben starb damals mit J..

Jenem J., den alle nur das Äffchen nannten.

Und ich glaube inzwischen auch nicht mehr, dass jemand überhaupt fähig wäre, mich zu lieben.

Doch ich habe gelernt, mit all diesen Defiziten zu leben.

Selbst die Jahre mit E., in denen mir Schlimmes widerfahren ist, haben bewirkt, dass ich unterbewusst Strategien entwickelt habe, die mir durchaus im Leben weitergeholfen haben.

So ist es zum Beispiel unmöglich, mich zu beleidigen. Jeder noch so heftige Angriff geht mir eigentlich *am sprichwörtlichen Arsch vorbei.*

Dies hat auch zur Folge, dass ich für all jene, die mir über die Jahre so übel mitgespielt haben, keinerlei Groll mehr empfinde, zumal die meisten von ihnen inzwischen gar nicht mehr am Leben sind.

E., der einst mein Meister gewesen war, ist mittlerweile

ebenso verstorben wie meine Peiniger aus dem Kinderheim.

Was aus Psycho, dem soziapathischen Schüler von E., oder aus den unzähligen anderen Freiern geworden ist, entzieht sich meiner Kenntnis. Und offen gestanden habe ich auch kein Interesse daran nachzuforschen.

Einzig J. fehlt mir.

Ich habe über längere Zeit versucht, ihn ausfindig zu machen, doch leider ohne Erfolg. Doch ich würde viel dafür geben, ihn noch einmal wiedersehen zu können.

In beruflicher Hinsicht hat sich seit der Trennung von meinem einstigen Meister alles in die von mir angestrebte Richtung entwickelt.

Am Ende bin ich doch noch im Filmgeschäft gelandet. Eine Tätigkeit, die mich zutiefst ausfüllt und stets zufrieden zurücklässt, dem zumeist recht enervierendem Stress zum Trotz.

Was mein Verlangen nach Schmerz anbelangt, das nach wie vor ein bestimmender Faktor in meinem Leben ist, habe ich inzwischen Methoden ersonnen, um damit umzugehen.

Ich habe Menschen gefunden, die mir das geben können, was ich brauche. Menschen, denen ich wiederum geben kann, was sie brauchen.

Denn ich brauche nach wie vor den Schmerz, nach wie vor das Leid und nach wie vor ein gewisses Maß an Demütigung. Natürlich wohl abgewogen und innerhalb genau definierter Grenzen. Nicht wie damals bei E..

Jenseits davon existiert keinerlei Verbindung mit diesen Menschen.

Und das ist gut so.

Was bleibt mir am Ende nun noch zu sagen?

Vielleicht die Erkenntnis, dass ich meine Vergangenheit nie wirklich hinter mir lassen können.

Doch ich habe gelernt, mit ihr zu leben.

Sie wird immer ein unumstößlicher Teil von mir sein, ebenso wie die Erfahrungen, die sie mir beschert hat.

Natürlich frage ich mich dann und wann, wie es wäre, wenn ich ein Leben ohne diese Ängste, ohne diese abstrakt anmutenden Bedürfnisse leben könnte.

Ein Leben, wie Sie es vielleicht Tag für Tag führen.

Doch das ist etwas, was ich niemals erfahren, niemals spüren werde können.

Ich bin gerade sechzig Jahre alt geworden.

Und ich habe das Gefühl, ich habe jetzt erst gelernt zu gehen.

Früher nannte man mich Pussyboy.

Jetzt bin ich einfach nur Daniel.

Und eigentlich bin ich ganz zufrieden damit.

Danke, dass Sie mir zugehört haben.

Printed in Poland
by Amazon Fulfillment
Poland Sp. z o.o., Wrocław

56827038R00144